中共湖北省委宣传部
中南财经政法大学 共建 新闻与文化传播学院项目成果

普通高等学校“十四五”规划文学与新闻传播类专业数字化精品教材

编委会

普通高等学校“十四五”规划文学与新闻传播类专业数字化精品教材

新闻传播学研究生学位论文写作教程

A Postgraduate Thesis Writing Course in Journalism & Communication

主 编 王大丽

華中科技大學出版社
http://press.hust.edu.cn
中国·武汉

图书在版编目(CIP)数据

新闻传播学研究生学位论文写作教程/王大丽主编. —2 版. —武汉:华中科技大学出版社,2022.12
ISBN 978-7-5680-8947-0

Ⅰ. ①新… Ⅱ. ①王… Ⅲ. ①新闻学-传播学-研究生-学位论文-写作-教材 Ⅳ. ①G210

中国版本图书馆 CIP 数据核字(2022)第 255272 号

新闻传播学研究生学位论文写作教程 王大丽 主编
Xinwen Chuanboxue Yanjiusheng Xuewei Lunwen Xiezuo Jiaocheng

策划编辑:周晓方 杨 玲
责任编辑:唐梦琦
封面设计:原色设计
责任校对:余晓亮
责任监印:周治超
出版发行:华中科技大学出版社(中国·武汉) 电话:(027)81321913
武汉市东湖新技术开发区华工科技园 邮编:430223
录 排:华中科技大学惠友文印中心
印 刷:武汉市籍缘印刷厂
开 本:787mm×1092mm 1/16
印 张:8.25 插页:2
字 数:191 千字
版 次:2022 年 12 月第 1 版第 1 次印刷
定 价:39.90 元

总序

FOREWORD

教育经历了"传统"与"现代"的断裂,"大学"也发生了从中世纪到现代的转变。一般认为,1810 年德国柏林大学的创立标志着现代大学的诞生。现代大学不仅是教育机构,也是研究机构,推崇"学术自由"和"教学与研究的统一"。这种研究型大学的理念对世界高等教育影响深远,既为现代大学的形成奠定了基础,也在很长时间内规范着大学的评价体系。20 世纪以来,大学则被赋予越来越多的功能,包括人才培养、科学研究和社会服务等,但无论大学怎样转变和多功能化,尤其是到了当下,有一个共识逐渐形成并被强化,即人才培养始终是大学最核心的功能。习近平总书记在 2016 年全国高校思想政治工作会议上明确指出:"高校立身之本在于立德树人。只有培养出一流人才的高校,才能够成为世界一流大学。办好我国高校,办出世界一流大学,必须牢牢抓住全面提高人才培养能力这个核心点,并以此来带动高校其他工作。"

人才培养涉及面很广,几乎贯穿高等教育的各个环节。教材,是育人育才的重要依托,是课堂教学的关键载体,在落实立德树人和人才强国战略中具有基础性地位和作用。高校教师是教材建设的主体,但高校教师在教材建设中的积极性并不高。究其原因,很大程度上是高校绩效考核中科研成果所占比重远远高于教学成果,教材建设的激励机制严重不足。随着《深化新时代教育评价改革总体方案》(以下简称《总体方案》)的出台,如何改革教师评价方式成为高等教育领域最受关注的问题之一。《总体方案》强调"坚持破立结合","破"的是重科研轻教学、重教书轻育人等行为,"立"的是潜心教学、全心育人的制度要求。教育评价是引导教育发展方向的"指挥棒",在《总体方案》出台前后,国家还出台了若干教材建设规划和教材管理办法,目的在于提高教材建设工作的科学化和规范化。提高教师参与教材建设的积极性,开创教材建设的新局面,已成为新时代背景下高等教育发展的必然趋向。

学术著作的撰写和出版具有很强的个人色彩,教材的编写和建设则往往需要组织领导和机制保障。从宏观层面来看,自改革开放以来,高校教材建设经历了实践与探索、发展与创新的不同阶段,并作为"国家事权"纳入我国高等教育的"顶层设计"之中,成为高校教育教学改革与人才培养模式变革的重要结合点。具体到我们学院组织编写这套"普通高等学校'十四五'规划文学与新闻传播类专业数字化精品教材",既是为了接续学院在新闻、文学和艺术教育方面的优良传统,也是学院在学科专业建设、教学质量提升和人才培养目标实现方面立足当下、展望未来的努力和尝试。

中南财经政法大学新闻与文化传播学院成立于 2004 年 9 月,其实学院的新闻、文学、艺术等专业的开办与学校的历史一样长久,源头是 1948 年学校前身中原大学创建之初设立的新闻系和文艺学院。1948年,随着解放战争节节胜利,新解放区迅速扩大,党的政治宣传任务需要一定数量高素质的新闻宣传人才。同年8月26日,中原大学新闻系在河南宝丰县成立,时任中原大学副校长并全面主持学校工作的正是新华日报社第一任社长潘梓年。中原大学新闻系举办了两期培训班,共招收学员130余人,教学任务分别由中原局宣传部和新华社中原总分社的负责干部来承担,主要讲授时事政治和新闻业务知识两类课程,其中新闻业务知识课包括新闻记者的修养(陈克寒)、新闻的评论和编辑工作(熊复)、农村采访工作(张铁夫)、军事采访经验(李普、陈笑雨)、新闻摄影(李普)、新闻工作的编辑排版校对等工作(刘国明)等。在战火纷飞的年代,中原大学新闻系为革命事业及时输送了一批急需的新闻宣传人才,他们大多终身奋战于党的新闻事业中,成为著名的编辑、记者和在新闻战线担任一定职务的领导干部和业务骨干。新闻系随中原大学南迁武汉后,也曾筹备过招收第三期学员的事宜,因种种原因未能继续办下去。但可以自豪地说,中原大学新闻系为我国的新闻教育和宣传事业做出了应有的贡献。

文艺学院和文艺系,是中原大学最早设立的院系之一。1948年9月中原大学招生广告显示,当时学校设有文艺、财经、教育、行政、新闻、医务六个系。同年10月,中共中央任命范文澜为校长,潘梓年为副校长。首任校长和副校长均在文学理论领域颇有建树,范文澜的《文心雕龙注》是龙学最有影响的著作之一,潘梓年于1926年出版的《文学概论》是较早参照西方的文学理论研究文学的著作。同年12月,中原大学组建了文艺研究室,著名电影导演、表演艺术家崔嵬为主任。文艺研究室下设戏剧组、音乐组、创作组,另有1名美术干部。1949年六七月间,以文艺研究室为基础,文艺学院成立,崔嵬任院长、作家俞林任副院长,在专业设置上包含戏剧系、音乐系、美术系、创作组、文工团。在两年多的时间里,文艺学院共培养了音乐、戏剧、美术、文学等专业毕业生及各种短训、代培生1136人,他们分布在中南地区和全国宣传、文艺、教育战线上,为我国文化艺术教育事业的发展做出了显著贡献。1951年8月,中原大学文艺学院划归中南军政委员会文化部领导。

因为20世纪50年代全国范围内的高等教育院系调整,学校的新闻、文学和艺术教育曾中断多年。1997年,学校重新开办新闻学专业,创建新闻系,相关学科专业建设步入新的发展阶段。2004年,新闻与文化传播学院正式成立。2007和2008年,学院先后成立中文系和艺术系,使建校之初就有的新闻、文学和艺术教育得以薪火相传。经过二十多年的快速发展,学院已经具备了较为完整的人才培养体系,现下设新闻传播学系、中国语言文学系和艺术系,开设了新闻学、广播电视学、汉语言文学、数字媒体艺术、网络与新媒体五个本科专业及网络与新媒体—法学实验班,其中网络与新媒体、汉语言文学专业入选省级一流本科专业建设点,拥有新闻传播学及中国语言文学一级学科硕士学位授予权和新闻与传播、汉语国际教育专业硕士学位点,新闻传播学为湖北省重点学科、中国语言文学为学校重点学科。

2019年7月,学校与湖北省委宣传部、省教育厅正式签订“共建中南财经政法大学新闻与文化传播学院协议”,学院发展进入新阶段,也迎来了改革和发展的“十四五”规划。学院在“十四五”规划期间的发展目标是,专业建设进一步优化和发展,学科建设逐步增强,人才培养进一步彰显特色,国际合作办学逐步拓展,科学研究再获新的突破,师资队伍结构合理优化。本学院的教学研究与改革工程作为重大行动之一,其具体措施就包括了组织编写出版新闻、中文和艺术专业的系列教材。目前我们推出的系列教材，既有彰显学院在经济新闻、创意写作、文化产业、数字影像等方向人才培养特色的《财经媒体与新闻报道案例》（吴玉兰主编）、《创意写作课》（罗晓静、张玉敏主编）、《儿童文学理论与案例分析》（蔡俊、李纲主编）、《文化产业创意与案例》（王维主编）、《数字雕塑基础》（卢盛文主编），也有展示教师将研究专长与课堂教学有机融合成果的《视听节目策划实务》（石永军、黄进编著）、《汉字溯源》（谭飞著）、《应用语言艺术》（李军湘主编）、《中国当代小说选讲》（陈国和主编）、《欧美新闻传播理论教程》（王大丽主编）、《唐诗美学精神选讲》（程韬光主编）、《实用汉语史知识教程》（甘勇主编）、《整合品牌传播概论》（袁满主编）等。

我们深知教材编写之不易，并对编写教材始终保持敬畏之心！系列教材的出版，凝聚了每一位编写者多年潜心教学的思考和付出，也得到了华中科技大学出版社人文分社周晓方分社社长、策划编辑杨玲老师等的大力帮助，在此一并表示由衷的感谢！

我们希望以此为契机，深入贯彻习近平总书记在全国教育大会上的讲话精神，认真落实教育部"以本为本"的指导思想，以高水平教材建设为契机，以培养富有创新意识和开拓精神的复合型人才为目标，与时俱进、深化改革、开拓创新，进一步推动学院在教学质量、课程建设和教学改革等方面取得突破性进展。

中南财经政法大学新闻与文化传播学院院长、教授

罗晓静

2021 年 8 月 5 日于武汉南湖畔

前言

PREFACE

研究生学位论文是研究生培养教育中的重要环节，是研究生在读期间独立完成的研究成果。它既是评判研究生对所在研究领域的最新成果、前沿进展、基础理论和专业技能掌握情况的重要参照和获得学位的必要条件，也是科研领域中的重要文献资料和社会的宝贵财富。因此，写好学位论文是硕士、博士研究生在读期间必须具备的一项基本素质。

近年来，“研究生学位论文质量参差不齐”现象越来越频繁地成为社会热点话题，多次引发了较大的社会舆论。在此背景下，国家教育主管部门对研究生学位论文提出了更高的要求，各研究生培养单位也围绕学位论文写作制定了日渐成熟和完善的规范体系。然而，在学位论文的写作实践中，仍有很大一部分研究生在选题、文献阅读与综述、研究方法的选择、研究框架与思路的确定、学术语言的使用、格式规范等问题上存在较多疑惑。“如何顺利、高效地完成学位论文写作”成为许多研究生迫切需要解决的问题。

本书作者自攻读博士学位期间便致力于新闻传播教育的研究，近年来，在参与新闻传播学研究生学位论文的指导、评审和答辩等一系列工作的过程中，日益发现该学科领域的研究生对于学位论文写作的认识存在种种误区，他们在学位论文写作过程中出现的“态度上的轻视”和“实践中的无力”让作者感到深深的担忧。尤其值得注意的是，越来越多本科非新闻传播学专业的同学考入该专业攻读硕士研究生乃至博士研究生，他们对新闻传播学的理论体系缺乏足够的知识积累，对新闻传播行业缺乏充分的实践和体验，因此，在学位论文写作过程中常常会遇到更多、更复杂的问题。与此同时，在与其他研究生导师的沟通与交流过程中，笔者也了解到，研究生导师在指导学生写作学位论文时也面临诸多困难，部分导师甚至会因此委婉拒绝指导跨专业考入的研究生。

为解决上述问题，笔者以多年指导研究生学位论文写作的一线经验为基础，用丰富的、鲜活的案例，从学术规范与伦理、选题、材料与数据收集、研究方法的选择与使用、标题的拟定、中英文摘要和关键词的提炼、正文写作、附件写作等方面，对新闻传播学研究生学位论文写作过程中可能遇到的诸多问题进行了全方位的梳理和呈现，旨在帮助新闻传播学研究生提高学位论文的写作水平。

本教材共分为九章：

第一章导论，梳理了学位论文的特点与分类，介绍了新闻传播学研究生学位论文写作的基本操作流程。在对研究生进行调查和访谈的基础上，总结了新闻传播学研究生在学位论文写作中遇到的常见问题。

第二章是新闻传播学研究生学位论文的学术规范与伦理。首先介绍了学术规范和学术伦理的内涵，其次介绍了新闻传播学研究生学位论文写作中必须遵守的学术规范和伦理。

第三章是新闻传播学研究生学位论文的选题。重点介绍了新闻传播学研究生学位论文选题的选题类型、选题来源与选题原则。

第四章是新闻传播学研究生学位论文的资料与数据收集。重点介绍了可以用于研究生学位论文写作的纸质和电子资料、丰富多元的数据收集路径，以及在使用资料和数据过程中需要注意的各类问题。

第五章是新闻传播学研究生学位论文写作中研究方法的选择与使用。分别对学位论文中常用的几种定量研究法和定性研究法进行了详细的介绍，内容涉及特定研究方法的发展历史、优缺点、适用性、选择原则、使用规范等层面。

第六章是新闻传播学研究生学位论文的标题拟定。分别介绍了主标题和章节标题的基本要求和拟定原则，以及在标题拟定过程中应该注意的各类问题。

第七章是新闻传播学研究生学位论文的中英文摘要及关键词写作。首先介绍了中英文摘要的意义、基本构成和写作规范，以及如何将中文摘要翻译为英文摘要，其次介绍了中英文关键词的意义及提炼原则。

第八章是新闻传播学研究生学位论文的正文写作部分。首先，从“研究缘起与选题背景”“选题的理论与实践意义”“文献综述”“研究方法”“研究思路”“研究创新点与不足”六个方面介绍了研究生学位论文绪论部分的写作。其次，从章与章、节与节、小节内部之间的逻辑安排及写作原则介绍了研究生学位论文本论部分的写作。最后，介绍了研究生学位论文结论部分需要包含的内容及写作规范。

第九章是新闻传播学研究生学位论文的附件写作部分。分别从“参考文献”“在读期间科研成果”“附录”“致谢”四个部分对研究生学位论文的附件写作进行了介绍。

笔者诚挚地感谢为本教材的写作提供了帮助的中南财经政法大学新闻与文化传播学院的领导和同事，感谢那些接受了笔者的访谈并为本教材写作提供了诸多建设性意见的研究生朋友们。尤其值得感谢的是笔者指导过的多位已经毕业的硕士研究生，他们为本教材的写作提供了丰富的、真实的、鲜活的案例，每每写作中遇到瓶颈，笔者都能从与他们的沟通和交流中获得启发，进而继续完成艰巨的写作任务。一个人的积累是有限的，而一群人的智慧则是无限的。

最后，学术研究虽受到特定规范的约束，但从本质上来讲，它是一种极具个性的学术化创作，因此，每位学者的学术创作风格与习惯都是不同的，本教材是基于笔者个人经验而向研究生朋友们提出的关于学位论文写作的意见，必定存在这样或那样的不足。好在，已经在学术研究领域有所实践的大家是有一定的学术鉴别能力的，若你们在使用本教材过程中发现任何问题，都可以与本教材作者取得联系(z0004395@zuel.edu.cn)，进而帮助作者对教材做出进一步的完善和修订。

目录

CONTENTS

第一章　导　　论

第一节　学位论文及其特点与分类

学位论文是学位申请人在读期间独立完成的研究成果，它是评判学位申请人对所在研究领域的最新成果、前沿进展、基础理论和专业技能掌握情况的重要参照和获得学位的必要条件，也是科研领域中的重要文献资料和社会的宝贵财富。目前而言，我国的学位论文可以分为学士学位论文、硕士学位论文、博士学位论文三个类别，其中硕士学位论文和博士学位论文统称为研究生学位论文。

一、学士学位论文

学士学位论文即本科学位论文，指的是高等学校本科毕业生为申请学士学位而撰写和提交的论文。学士学位论文应且作者有从事科学研究工作或担任技术工作的初步能力，能表明作者确已较好地掌握本门学科的基础理论、专门知识和基本技能。①

本科学位论文重在考查学生综合运用专业基本理论、基本知识、基本技能，发现问题、分析问题和解决问题的能力，考查学生按照专业要求开展调查、实验等实践工作能力和信息处理能力，考查学生依照学术规范和专业要求，撰写论据充分、逻辑清晰、文字通顺的学术性论文能力。②

二、硕士学位论文

硕士学位论文指的是高等学校硕士研究生为申请硕士学位而撰写和提交的论文。硕士学位论文可以是特定专业的硕士研究生从事创造性的科学研究而取得的成果，也可以是硕士研究生对特定的现象、问题，在调查研究的基础上得出的新结论。硕士研究生学位论文应坚持理论与实际相结合，论文的论点、结论和建议应有一定的理论意义和实践价值。硕士研究生学位论文应有独立见解，观点和研究方法应有一定的创新性。③

其中，硕士研究生学位论文又可以分为学术型硕士学位论文和专业型硕士学位论文。学术型硕士学位论文要求对所研究的课题有新见解或新成果，并在理论上或实践

① 林文荀.学位论文写作[M].北京：宇航出版社，1997：1.

② 参见2021年3月修订《北京大学本科毕业论文（设计）工作管理办法》。

③ 参见《中国人民大学研究生学位论文及其摘要的撰写和印制要求》。

上对国民经济建设或本门学科发展具有一定的意义。专业型硕士学位论文，依照其培养目标的实践性特点及要求，应更注重其研究成果的实用价值，而不强求其理论创新性与理论前沿性。

三、博士学位论文

博士学位论文指的是高等学校博士研究生为申请博士学位而撰写和提交的论文。博士学位论文应能表明作者确已在本门学科上掌握了坚实宽广的基础理论和系统深入的专门知识，并具有独立从事科学研究工作的能力，在科学或专门技术上做出了创造性的成果，并在理论或实践上对国民经济建设或本门学科发展具有较大的意义。

学位论文与期刊论文、会议论文等都属于学术论文的范畴，但是学位论文有其自身的特点。首先，它不以公开发表为直接目标，而是为申请学位而撰写，是向学位授予方证明自己符合其培养标准和毕业要求的成果。其次，在评审流程上，学位论文需要经过导师指导并审核、评审专家评审、答辩委员会评审答辩等一系列环节。最后，学位论文在结构、篇幅、详细程度、论证逻辑上都明显区别于其他学术论文。一般而言，学士学位论文、硕士学位论文和博士学位论文对基础知识、理论体系、逻辑思维能力、基础技能的要求标准依次递增。比如，同样是研究《纽约时报》对中国国家形象的建构，学士学位论文重点梳理特定时期内《纽约时报》涉及中国国家形象建构的相关报道，从数量、结构、表达方式、话语倾向等方面进行分析，总结其存在的特点即可。硕士学位论文则要求在上述分析的基础上，探究《纽约时报》对中国国家形象建构所使用的符号特征、文本特征或意识形态话语，分析《纽约时报》为何这样建构中国国家形象的深层次原因，并提出解决方案。而博士学位论文则需要在现象、符号、文本、话语分析的基础上，尝试总结新的理论模型，并描述该理论模型的特征、适应性等问题。

第二节　新闻传播学研究生学位论文的基本操作流程

尽管不同学校、不同学科的研究生学位论文在操作流程上有所不同，但一般而言，新闻传播学研究生学位论文从选题到定稿，主要包括选题和开题答辩、正文写作（初稿—修改—定稿）、预答辩、评审、答辩、定稿并提交审查等几个步骤。

一、选题和开题答辩

选择一个适合展开研究的题目，是研究生学位论文写作的第一个重要环节。一般而言，学位申请人最好在入学之初便开始有针对性地“寻找”选题（具体的选题方法和原则，将在第三章中讲解），以便在日常学习中积累相关材料，探索更加恰当、科学的研究落脚点，从而在论文写作过程中少走弯路。随后，学位申请人需要在指定时间内（如两年制硕士研究生于入学第二个学期，三年制硕士研究生于入学第四个学期）撰写开题报告，并参加开题答辩。以中南财经政法大学新闻与文化传播学院为例，该学院要求两年制专业硕士学位申请者于入学后的第二个学期，在 5—6 月完成开题报告的撰写，并于 6 月末或 7 月初组织学生进行开题答辩。

开题答辩环节一般分为如下几种情况：第一类，顺利通过开题答辩者，根据答辩专家和导师的意见对开题报告进行简单修改后，即可开展学位论文的写作工作；第二类，开题答辩不通过者，则应依据答辩专家的意见对开题报告进行大幅修改（甚至更换题目），并进行二次答辩，若二次答辩通过，便可开展学位论文的写作；第三类，若二次答辩依然不通过，则需要继续修改，半年后再次申请开题答辩，以此循环。

值得注意的是，开题答辩并非只是简单地"走流程"，它的重要意义在于，在论文正式写作之前，由答辩专家组帮助学位论文撰写者对以下问题做出更加专业的判断：所选题目是否具有创新性，是否具有研究意义和价值，研究思路和研究框架是否合理，拟采用的研究方法是否恰当，研究难点和研究重点分别是什么，等等。如果上述层面存在明显不足，答辩专家组将为学位论文撰写者提出可供参考的修改意见，以便学位论文撰写者更好地开展论文写作。

二、正文写作

研究生学位论文的正文写作是整个论文写作流程中最为重要也最为艰难的一个环节。一般而言，学位申请人在开题答辩结束后，便进入论文写作环节（两年制硕士研究生在入学第二个学期结束后，三年制硕士研究生和博士研究生在入学第四个学期结束后，即每年的 7 月左右），并需要于同年 12 月底提交论文初稿，次年 1 月中旬左右（即两年制硕士研究生入学第三个学期末，三年制硕士研究生第五个学期末）提交用于参加预答辩的论文定稿。

根据上述时间安排，在开题答辩结束后和论文预答辩定稿前，新闻传播学研究生拥有共计约 6 个月的时间撰写论文正文，且在此过程中还可能因课程作业、求职就业、各种资格考试等诸多重要的事情分神。那么，如何分配这宝贵的 6 个月时间？过往经验表明：越早着手写作越好。比如，学位论文撰写者可以充分利用开题答辩结束后的暑假时间进行论文写作。原因如下：一方面，开题答辩刚刚结束，学位论文撰写者对题目的熟悉程度较高，能够较为高效地投入论文写作中；另一方面，学位论文撰写者有相对完整且独立的时间收集资料或展开调查。另外，值得特别注意的是，学位论文撰写者需要留足充分的时间余量给论文修改环节，"好论文不是写出来的，而是改出来的"，这句话虽然有些绝对，但有一定的道理。大部分学位论文撰写者在论文初稿完成后，都需要从研究逻辑、框架结构、语言表述、数据分析、结论等层面对论文初稿进行全方位的修改。

三、预答辩

论文写作完成后，由导师最终确定是否同意定稿，定稿后即可参加预答辩。尽管在流程上，预答辩与正式答辩大致相同，但预答辩的核心目的在于发现学位论文中存在的不足与问题，以帮助学位申请人在正式答辩前对学位论文进行充分的、深入的修改，从而使学位论文以更高的质量通过答辩。

关于预答辩，许多学位授予方有以下类似规定：若预答辩未通过，则根据答辩专家和导师意见对学位论文进行修改，并参加二次预答辩，若二次预答辩再次未通过，则须继续修改，半年后重新申请预答辩。预答辩通过后，学生可以根据答辩专家和导师的意见对学位论文进行进一步修改和完善，并在正式答辩之前提交相关负责单位进行格式规范性审查和文字复制比审查。若文字复制比大于 50%，则推迟一年申请答辩；若复制比大于30%小于等于50%，则推迟半年申请答辩；若文字复制比大于15%小于等于30%，则修改后再次进入审查环节；若复制比小于等于15%，则进入学位论文评审环节。[①]

四、评审

学位论文评审需要指导老师同意后方可执行。一般情况下，学位论文评审分为盲评和普通评审两类。

盲评指的是学位授予单位依据一定的比例（不同的学校抽取比例不同）抽取部分论文（部分学校实行100%论文全盲评政策）交由匿名专家进行评审。具体流程如下：第一，拟申请学位的学生在相关系统中（如研究生管理信息系统）上传用于盲评的学位论文（文中不能出现任何可能表明作者和导师身份的信息）；第二，学校学位办依据相关规定和程序组织相关人员参与盲评名单的抽取，并按规定进行补充，形成最终的盲评人员总名单；第三，学位办汇总学位论文后送交相关平台进行盲审；第四，双盲评审结果回收齐全后，学位办汇总双盲评审结果，并通知各培养单位；第五，若评审结果出现异常，则推迟该论文进行答辩，或组织专家进行综合评估后决定是否同意答辩。

普通评审的评审专家队伍一般由校内专家和校外专家组成，学生将学位论文提交给评审专家即可。相较于盲评，普通评审不存在"信息双盲"的情况，因此各种不确定性因素将大大降低。

关于"评审通过"的标准和后续流程，不同的学校有不同的认定方式。以中南财经政法大学为例，若评审结果均在B档以上，则可以参加学位论文答辩。若评审结果出现C档，但未出现D档，则邀请校/院指导组专家根据评审专家意见对学位论文质量进行综合评估，评估结果有如下三种情况。

结果1：双盲评审通过，同意进行一定修改，并经导师、导师组审核后参加答辩。

结果2：与研究生学位论文基本要求存在一定差距，修改后复审。若两位复审专家意见均在B档以上，则复评通过。若复评未通过，推迟半年答辩。

结果3：与研究生学位论文要求有较大差距，则不能参加答辩，并推迟半年答辩。

部分学位申请人表示不清楚论文评审的具体标准是什么，表1-1是教育部学位论文质量监测服务平台中的评审标准，可供参考。首先，选题部分。选题应体现该领域的前沿性和开放性，要具备充分的理论意义与现实意义。尤其值得注意的是，在选题部分，评审专家特别注重国内外文献综述相关内容，也就是本学科或相关领域发展现状的归纳和总结情况，选题部分往往在论文评审总分中占到20分左右的分值。其次，创新性及论文价值，包括论文是否提出新的观点或新的有价值的见解，是否运用新视角、新方法产生新的独到的观点，是否有较大的社会效益，是否对文化事业的发展、精神文明建设具有较大的促进作用，是否能够为政府宏观决策提出有战略价值的政策性建议。创新性和论文价值往往在论文评审总分中占20分左右的分值。再次，基础知识与科研能力，主要指论文能否体现出学生对于理论基础有较为扎实的掌握，对所在学科及相关学科领域的专门知识是否有系统性的认识，是否具备良好的分析问题、解决问题的能力，能否使用科学的研究方法对论文展开独立、深入的研究。基础知识与科研能力往往

① 不同学校对该比例的要求有所不同，此处以《中南财经政法大学研究生学位论文撰写规范》为例。

在论文评审总分中占 45 分左右的分值。最后，论文的规范性。包括引文是否规范，学风是否严谨，结构逻辑是否恰当，文字表达是否准确和流畅等。该部分在论文评审总分中占 15 分左右的分值。

表 1-1 教育部学位论文质量监测服务平台学位论文评审标准

论文选题	选题的前沿性与开放性；研究的理论意义与现实意义；对国内外该选题以及相关领域发展现状的归纳和总结情况
论文创新性及论文价值	在本学科领域达到或接近国际先进水平或国内领先水平；运用新视角、新方法进行探索、研究，有独到见解，并在相应领域取得突破性结果。论文成果具有较大社会效益，对文化事业的发展、精神文明的建设具有较大的促进作用；论文成果具有较大的实用价值，为政府宏观决策提出有战略价值的政策性建议
基础知识与科研能力	科学理论基础的坚实宽广程度；专门知识的系统深入程度；研究方法的科学性；引用资料的翔实性；作者独立从事科学研究的能力
论文规范性	引文的规范性；学风的严谨性；结构的逻辑性；文字表述的准确性和流畅性等

五、答辩

学位论文答辩环节是研究生培养阶段中的重要环节。一般而言，答辩工作由答辩专家组、答辩秘书、答辩学生等人员参与，其中答辩专家组一般由一名校外专家（同时担任答辩主席）和三名及以上的校内专家组成。答辩事项包括：①答辩主席向答辩学生告知答辩流程和宣读答辩注意事项，并介绍答辩组专家成员；②答辩同学按抽签顺序做答辩陈述；③每个学生陈述完成后，答辩组专家针对陈述内容依次对学位论文进行点评，并向学生提出 1～2 个问题（此阶段学生只需记录问题，然后返回候场处，针对专家组提出的问题做相应的准备）；④第一位（博士研究生）/组（硕士研究生，根据全部答辩人数分成数量不等的小组，一般 5 人左右为一组）同学全部陈述完成后，再根据此前的陈述顺序依次上台回答专家组提出的问题；⑤答辩全部完成后，由答辩小组评议学位论文是否通过答辩，并向学生宣布答辩结果。其间，答辩秘书做全程答辩记录。

那么，答辩环节需要注意哪些问题？关于该问题，有以下几点建议：①答辩陈述时要注意详略得当，重点陈述四个问题：为什么选这个题目（研究动机、研究意义），核心解决了哪些问题（问题意识要突出，借此表明论文的结构框架），为解决上述问题使用了哪些研究方法和研究思路，得出了哪些结论（结论一定要紧扣论文核心问题）；②回答专家组的提问时，态度要端正，若无法回答答辩专家的提问，须明确表示无法回答，同时，可以尝试从自己的理解出发，从不同的侧面回应答辩专家的问题。

六、定稿并提交审查

学位论文答辩结束后，若答辩通过，则学位申请人需要根据答辩专家的建议，并结合指导老师的意见，对学位论文进行最后的修订，并提交学位论文定稿。此阶段，学校将依据撰写规范再次进行形式审查，并再次进行文字复制比检测。若形式审查通过且文字复制比小于或等于 15%，则提请学位评定委员会审查，审查通过后授予学位；若论文复制比大于 15%小于等于 30%，一年内不得申请学位；若大于 30%小于等于 50%，两年内不得申请学位；若大于 50%，取消学位申请资格(见图 1-1)。

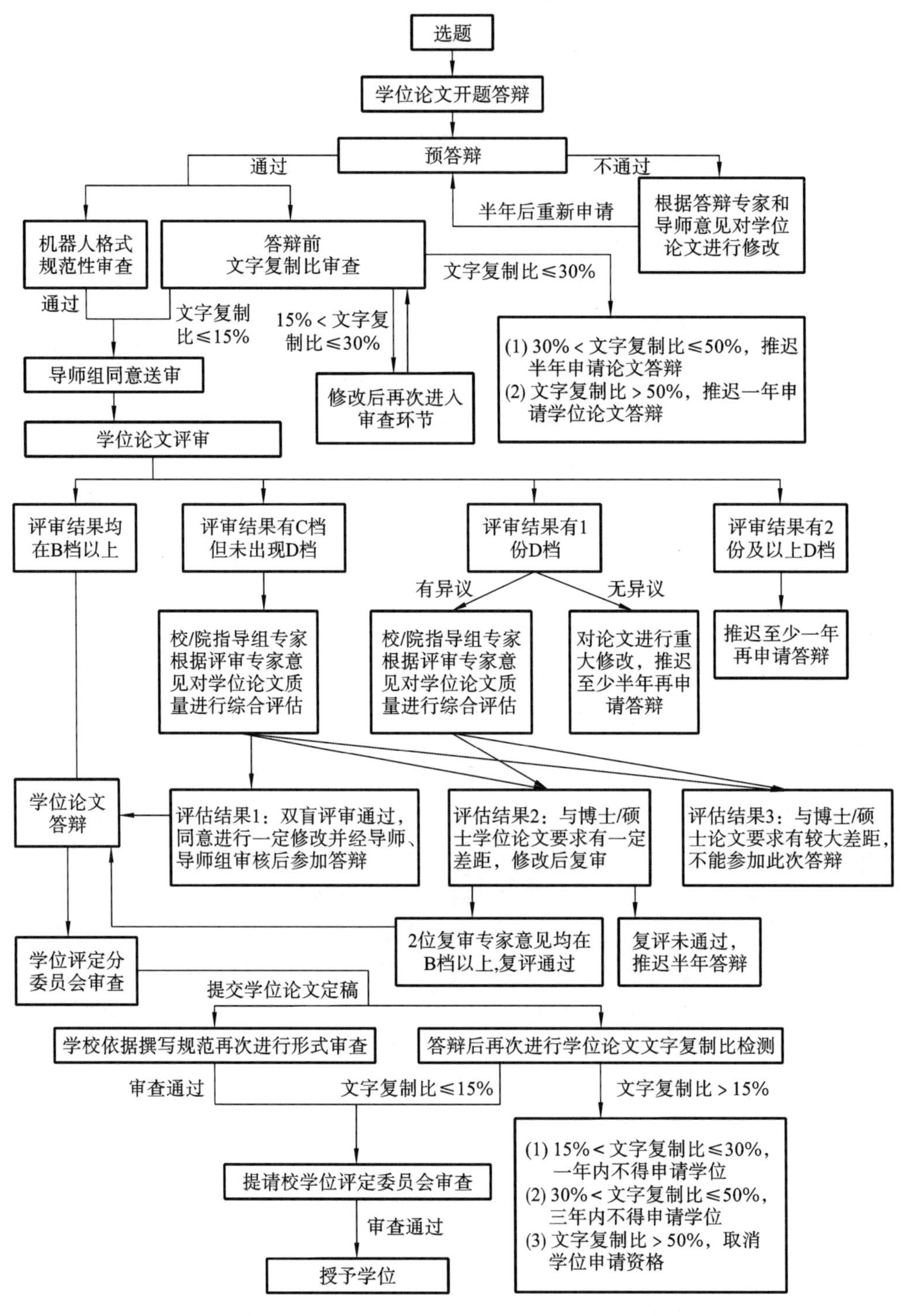

图 1-1 中南财经政法大学学位论文质量监控流程图

第三节 新闻传播学研究生学位论文写作的常见问题

为充分了解新闻传播学研究生在学位论文写作过程中存在的诸多困惑，笔者在新闻传播学研究生中进行了调查，并对部分研究生进行了深度访谈。基于调查和访谈内容，本教材将新闻传播学研究生学位论文写作过程中存在的主要问题进行了梳理，最终总结出四类常见问题。

一、关于选题

在与新闻传播类研究生讨论学位论文相关话题时，最经常听到的疑惑就是论文的选题。关于选题的困惑，主要体现在以下几个方面。

（一）无法确定合适的研究对象

大部分研究生表示在选择研究对象时无从下手：一方面，即使关注到了某一热点现象或某一问题，也很难找到适配的理论与之建立关联，难以实现现象与理论的有机结合。加之，学生掌握的研究方法相对有限，在思考某个选题时会产生“可能研究不下去”“没掌握相关的研究方法”等想法从而打起退堂鼓，或在多个选题中反复犹豫，结果止步不前，导致学位论文的选题工作迟迟无法顺利开展。

（二）在创新性与稳妥性之间左右为难

关于选题的创新性与稳妥性之间的矛盾，参与调查的研究生有如下说法。

研究生1：“选择一个业内学者研究较多的选题是比较稳妥的，但在后续过程中我就会发现，我能够想到的几乎所有的选题都已经被研究过了；如果我尝试涉及一个小众的新兴领域，那么我检索到的文献则会少之又少，在撰写论文时就会非常担心自己的观点是否足够新颖、足够有代表性和典型性。稳妥的大众选题与创新的小众选题之间存在的矛盾让我陷入两难境地。”

研究生2：“有的前辈说，学位论文选题应尽量关注前沿问题，而有的前辈则说，如果想要在学术这条路上走得长远，学位论文的选题不要盲目求新跟风，要有自己的研究基点，然后围绕这个基点逐渐向外扩散研究。我想说，道理我听明白了，但是我既不知道哪个问题足够新颖，也不知道研究基点该怎么选。”

研究生3：“我感觉自己很难挖掘到前人没有研究过的创新点，尤其是在阅读了大量相关文献以后，感觉思维都被之前的观点固化了，很难提出新的观点。”

研究生4：“无论是普通学术论文，还是学位论文的写作要求中，都或多或少地提到创新性这一要求，可是我感觉要做到创新其实是很难的，因为很多我们想要研究的问题，已经有很多学术大咖已经发表了论文表达了自己的观点，而我在文献阅读时，会觉得不同学者的观点各有各的道理，就算自己有一定的观点倾向性，但仍然只是觉得某某学者或者某方意见相对更有道理，但却很难提出自己新的或者不同的见解。我常感觉自己目前的写作状态就是一种‘拼合式写作’，不知道该如何体现一篇文章的创新性，或者几乎不明白学位论文对创新性的要求具体是怎样的。”

(三)无法确定选题的研究范围

关于如何确定选题的研究范围,参与调查的研究生有如下说法。

研究生1:“在确定选题的过程中,通过查阅国家社科基金课题及文献等可以想到一个大概的研究方向。但是,如何在这个大概的研究方向之下找到一个大小合适的切入点,从而使学位论文写得扎实不空泛,就比较困难。”

研究生2:“虽然学术论文写作课的老师讲授过相关知识,但始终感觉寻找一个恰当的论文切入点是个门槛。一方面,如何在某一具体理论和特定社会现象之间建立关联;另一方面,从哪一角度入手,围绕理论与现象展开范围恰当的研究,我始终担心切入点过大或过小。切入点过大,担心自己说空话,过小的话,又担心写不下去。”

二、关于文献阅读与综述

关于学位论文写作中的文献阅读与综述问题,参与调查的研究生有如下说法。

研究生1:“作为跨考生,我对新闻传播学的理论了解大多来源于备考期间的学习资料,理论视野非常局限。直到现在,我也并不是很清楚通过哪些渠道能够获得更多的理论资源,多数时候获取的学术资源局限于知网,甚至通过知网进行的检索也大都是那些已知的、陈旧的理论。另外,我还有一个疑问,许多新闻传播学理论来源于国外,那么,如果想对一个理论进行深度了解,是否有必要追溯到原著?但有些原著是英文版的,或者十分深奥难懂,甚至网络和购物软件上也找不到原著,这种情况应该怎样处理?”

研究生2:“开题之前,导师经常带领我们开组会讨论选题,虽然大家平时都会收集很多学术前沿及经典理论知识资料,并且或多或少有自己的想法。但大家讨论的时候也会发现,这种思考往往存在“浮于表面”的情况。一方面,我们对知识的熟悉度还需要加强;另一方面,需要加强理论与实践的结合程度,避免将理论停留在书本层面,导致‘以本为本’的不良思维。”

研究生3:“当主题选了热点问题,而该问题中涉及基础理论的部分或者说历史溯源的部分时,应该怎么去找相关的学术著作?(学术著作并非指知网查询到的论文,而是这门学科的奠基人或者权威学者的经典著作。)在学术论文写作过程中,我最常遇到的问题并不是不善于发现热点,而是应该使用哪些理论解读热点问题。”

研究生4:“我的困惑就在于日常生活中如何开展学术阅读与积累,经典教材、经典著作、前沿论文……有太多文献需要阅读,怎样才能做到去芜存菁,并且有益于学位论文的写作?”

研究生5:“我觉得可能还是自己平常积累得太少了,论文、书籍以及专业相关公众号的文章读得不够,所以对于学术前沿研究方向和研究动态没有清楚的认知。”

三、关于研究方法

关于学位论文写作中的研究方法问题,参与调查的研究生有如下说法。

研究生1:“由于课堂内容涉及研究方法的讲解较少,自己也没有专门学习了解过,所以对研究方法一知半解,不知道学位论文应该用什么样的方法展开研究,也不知道依照自己理解的研究方法去做是否是正确、合适的。”

研究生 2:“我对研究方法知之甚少,对研究方法的具体流程、需要注意的要点还处在不清楚的状态,对于不同的研究方法运用于自己研究中可能会出现的问题也没有预期想法”

研究生 3:“研究方法的选择和使用是我在学术论文写作过程中最疑惑的地方,以前在学术论文写作中曾经使用过内容分析法,但算不上规范。现阶段,我主要想对质化研究法和调查法等量化研究法有更多的认识,至少清楚地了解某一具体的方法在使用时都有哪些步骤,需要注意哪些问题。”

研究生 4:“我理解的是,新闻传播学研究生学位论文写作是建立在大量的社会调研和资料整理工作基础之上的,那么,我们该如何进行这些调查工作,毕竟我们对于“样本选择”“数据采集”“数据分析”等调查方法还停留在曾听说过的程度,也不是很了解该如何有效利用获得的数据。我特别担心自己在论文写作过程中出现假大空、偏离主题、废话连篇这些问题。”

四、关于论文规范

关于学位论文写作中的论文规范问题,参与调查的研究生有如下说法。

研究生 1:“一篇怎样的学位论文才能达到顺利毕业的要求? 除了重复率有具体的要求外,其他对论文要求的表述都更偏向于‘宣示性’,例如结构清晰、逻辑严密等,那么,怎样的结构才算是清晰的,怎样的逻辑才算是严密的,判断是否达到这些要求的具体标准有哪些? 最担心的问题就是,自己写论文的时候一切感觉良好,但是提交论文或者参加答辩时,就发现整个论文不合格,甚至要重新答辩、延迟毕业。”

研究生 2:“在平时的学习过程中,怎样锻炼和提高自己的(学位)论文写作能力? 虽然每门课程都有结课论文的具体要求,但如果没有比较好的论文写作方法来进行引导的话,很多文章大多时候可能更偏向于在规定的时间内完成的拼接式劳动成果。”

本章小结

我国的学位论文可以分为学士学位论文、硕士学位论文、博士学位论文三个类别,其中硕士学位论文和博士学位论文统称为研究生学位论文。尽管不同学校、不同学科的研究生学位论文在运作流程上有所不同,但一般而言,研究生学位论文从选题到定稿,主要包括选题和开题答辩、正文写作(初稿—修改—定稿)、预答辩、评审、答辩、定稿并提交审查等几个步骤。通过笔者的走访,新闻传播学研究生学位论文撰写者主要在论文选题、文献阅读与综述、研究方法、论文规范等方面存在疑问。

第二章　新闻传播学研究生学位论文的学术规范与伦理

近年来，研究生学位论文的学术失范现象频繁出现。为此，国家从制度层面对学术研究提出了新的规范要求。习近平总书记曾指出："广大哲学社会科学工作者要树立良好学术道德，自觉遵守学术规范。"这是对哲学社会科学工作者的忠告，也是所有学术工作者应当遵循的最基本的要求。2020 年，教育部等三部委发布了《关于加快新时代研究生教育改革发展的意见》，专门提出"加强学风建设，严惩学术不端行为"，要求培养单位要完善学风建设工作机制，将科学精神、学术诚信、学术(职业)规范和伦理道德作为导师培训和研究生培养的重要内容，把论文写作指导课程作为必修课。抓住研究生培养关键环节，健全学术不端行为预防和处置机制，加大对学术不端行为的查处力度。探索建立学术论文、学位论文校际馆际共享机制，将学位论文作假行为作为信用记录，纳入全国信用信息共享平台。推动建立优秀学位论文示范制度，鼓励培养单位和学术组织开展优秀学位论文评选。扩大学位论文抽检比例，提升抽检科学化、精细化水平。①

那么，学术规范和伦理具体包含哪些内容？学术失范和伦理的缺失有哪些表现？新闻传播类研究生学位论文的学术规范和伦理有哪些具体的要求？上述问题是本章主要解决的问题。

第一节　学术规范与伦理的内涵

斯坦福大学前任校长唐纳德·肯尼迪提出："我觉得我们在培养年轻的学术接班人时，偏重于他们各自的学术领域，却忽视了那些让他们成为成功的、负责任的学术公民所必需的其他知识和技能。"②而他提到的"其他知识和技能"中有一个很重要的部分就是学术规范与伦理。那么，什么是学术规范，什么是学术伦理？它们有哪些具体的面向？

一、学术规范

《高等学校科学技术学术规范指南(第二版)》对学术规范做了较为全面的定义：学术规范是从事学术活动的行为规范，是学术共同体成员必须遵循的准则，是保证学术共同体科学、高效、公正运行的条件，它在学术活动中约定俗成地产生，并成为相对独立的

---

① 关于加快新时代研究生教育改革发展的意见[EB/OL]. (2009-09-23). http://www.mof.gov.cn/zhengwuxinxi/caizhengxinwen/202009/t20200923_3593379.htm.

② [美]唐纳德·肯尼迪. 学术责任[M]. 阎凤桥，等译. 北京：新华出版社，2002.

规范系统。就学术知识生产主体及其行为而言，规范源于学术的合作、竞争、组织和互动，它为这些相互关系提供框架，通过给每个人施加约束，来提高整个知识生产的效率和质量。学术规范化可保证知识分子知识生产活动的严肃性，提高学术共同体的社会公信力。①

美国社会学家罗布特·金·默顿提出，人文"科学规范"由四个核心要素组成：普遍主义、公有主义、非谋利性、有组织的怀疑主义。具体而言：①科学界的准入资格规范，即公平，平等；②科学成果的评价规范，既包括实质公正，即要求实证、客观，也包括程序公正，即要有公开批评、同行评议等；③知识产权规范，强调人身权利，抑制财产权利；④科学家精神规范，不为"有用"，只求真理。② 南京大学叶继元教授在《学术规范通论》中提出学术规范有六个基本问题：尊重他人的研究成果，有学术道德；有学术史意识，尊重学术积累和学术创新，客观认识自己的贡献；研究程序规范，学风纯正；公平的学术评价机制；规范的学术交流；学术著作的格式规则。③

二、学术伦理

如果说学术规范主要针对的是学术论文写作规范，引证体例，对伪造、弄虚作假、抄袭剽窃等行为的认定等与文风、学风有关的话题，而学术伦理则是和学术规范不同的范畴。它不是用以管束教师和学生的行为规范，而是对研究对象、研究方法及研究本身所产生的外部影响进行伦理考量、伦理评估的标准和机制。学术伦理是学术人在一定的经济基础与道德环境条件下，处理学术活动中的利益关系时形成的道德观念和价值规则。学术伦理不仅是规范学术关系的伦理要素，还内蕴了学术活动的伦理诉求，是学术与伦理内在的双重逻辑统一。④

我们可以对以下事例进行思考：一位博士研究生是某家大型传媒公司的高管，他以自己所在的传媒公司为博士学位论文的研究对象，在研究过程中，他发现该公司的经营管理存在巨大的漏洞，若此漏洞遭到披露，该传媒公司将面临重大的经济损失和信誉滑坡，该博士研究生是否应该在学位论文中对此漏洞进行隐瞒？

第二节 新闻传播学研究生学位论文学术规范与伦理的具体要求

新闻传播学研究生学位论文在学术规范和伦理层面有哪些具体的要求？一般而言，新闻传播学研究生学位论文写作的学术规范包含选题规范、格式规范、研究方法的规范、学术语言的规范、材料与数据采集和使用的规范等方面，而学术伦理则主要表现在知情同意、反对欺骗、隐私与隐秘性、精确性等方面。

① 教育部科学技术委员会学风建设委员会. 高等学校科学技术学术规范指南[M]. 2版. 北京：中国人民大学出版社，2017：2-3.

② 欧阳锋，徐梦秋. 科学规范论：默顿的视野[M]. 北京：商务印书馆，2012.

③ 叶继元等. 学术规范通论[M]. 上海：华东师范大学出版社，2005.

④ 程孝良. 以学术伦理规范研究活动[EB/OL]. (2017-02-16). http://www.cssn.cn/sf/201702/t20170216_3416787.shtml.

一、新闻传播学研究生学位论文写作中的学术规范

(一)选题规范

一般而言，新闻传播学研究生学位论文写作中的选题规范包括三个层面：首先，坚持正确的政治立场；其次，坚持选题的原创性；最后，坚持选题的专业性。

1. 坚持正确的政治立场

事实上，坚持正确的政治立场应该是所有学科学位论文选题的基本要求。不过，由于新闻传播学与意识形态、宣传、舆论等问题的关联度更高，因此，对选题“政治正确”的要求更高。在学位论文写作中坚持正确的政治立场，需要注意以下几个方面。

第一，维护社会主义制度和中央权威。

第二，符合党的理论和路线方针政策。

第三，尊重社会主义新闻制度与新闻体制的特殊性。

其中前两个方面非常好理解，在此不予赘述。社会主义新闻制度和新闻体制指的又是什么？

一般而言，新闻制度主要指各种新闻规范体系，核心内容包括媒介资产所有制形式，媒体创办权，媒介在社会结构中的功能定位、运作规则和底线，不同类型媒介的组织结构形式和竞争方式等。新闻体制则包括指导、管理新闻媒体的制度规范，以及媒体的组织结构和构成关系。它以新闻基本制度规范为核心，体现为一定社会现实中的传媒组织形式和组织系统结构，具体包括媒介定位、管理模式、媒介布局、组织类别等。

那么，中华人民共和国的新闻制度具备什么特征？中华人民共和国施行社会主义新闻制度。中华人民共和国成立初期，我国新闻制度包括如下特征：①所有制上，媒体为国家所有，实行全民所有制形式，纳入行政级别体系；②经营管理上，新闻媒体是党和国家的一个机构，由党和政府管理，财政拨款；③组织管理上，党管媒体，上级政府和党委对媒体的高层人事和编辑方针拥有决定权，党委宣传部是媒体的对口主管部门；④工作原则上，新闻媒体宣传党的政策，贯彻党的政策，反映党的工作，反映群众生活。

1978年之后，新闻单位改革沿着“事业单位、企业化管理”的思路推进。就新闻体制发展而言，对媒介功能定位的认识不断深入，推动了媒体经营管理的逐步放开，进而带动了媒介结构的逐步多元化。就新闻体制规制而言，在对媒体的组织管理上，“党管媒体”的核心原则没有改变。进行文化体制改革之后，媒体中的可经营性部门逐步放开管制，而作为意识形态媒介的新闻媒体在职能、属性和所有制结构上没有改变，对新闻媒体意识形态的管控一直是体制规制的重心。①

因此，新闻传播学研究生在进行学位论文选题时，应该尊重社会主义新闻体制的特殊性，“党管媒体”的核心属性不容动摇。

2. 坚持选题的原创性

选题的原创性指的是在学位论文选题时，需要注意所选题目是建立在大量阅读文献基础上的原创选题。在“学术成果低水平重复”普遍存在的当下，学位论文缺乏原创

---

① 陈欢，张昆. 1978—2013：中国新闻体制的规制与发展[J]. 编辑之友，2015(6)：63-68.

性是当前研究生学位论文存在的普遍问题。造成这一现象的原因，一方面在于研究生的学术积累不够或文献梳理不全，另一方面，许多研究生在选题时存在“求稳心理”，或者怀疑自己原创选题的学术价值。

那么，新闻传播学研究生如何保障自己的学位论文选题的原创性？

首先，必须要在日常学习中时刻保持批判性思维，对司空见惯的现象、问题、理论等保持警惕，大胆质疑，小心求证，寻觅新思路。其次，在学位论文选题前，做全面又有效的文献梳理，理清特定问题、理论、范式的发展史，并清晰界定该领域的前沿研究问题，进而在前沿区域寻找自己的选题突破点。

3. 坚持选题的专业性

许多同学会认为，“选题的专业性”难道不是人人都应坚持的原则吗，有必要单独拿出来强调吗？事实上，许多同学会有这样的疑问：“老师，××问题属于新闻传播学的范畴吗？”也经常有同学“发现”了一个比较好的现象或问题，但不知道如何从新闻传播学的角度入手展开研究。那么，为什么要强调选题的专业性？这是由学位论文的特殊性决定的。如上文所言，学位论文与普通的学术论文不同，它着重考察学位申请者对所在学科的最新成果、前沿进展、基础理论和专业技能的掌握情况，因此，学位论文中能否有效地表达学位申请者具备上述能力，是非常关键的评价指标。

（二）格式规范

格式规范，顾名思义就是指学位论文写作符合特定的格式要求。格式规范既是影响学位论文阅读者视觉体验的重要因素，也是学位论文撰写者态度是否认真的重要体现，更是检验学位论文写作是否规范的重要标准。

一般而言，学位申请人所在学校都会对学位论文的格式做详细的规定，内容涉及论文封面和扉页、中英文标题、中英文摘要和关键词、目录、符号说明、正文（绪论/导论、具体章节、结论）、参考文献、在读期间科研成果、附录、致谢等要件的具体写作要求和排版要求，包括字数、字体、字号、行间距、页边距、标点符号和数字、层次标题、页眉和页码、图表和公式、注释等具体层面。

学位申请者只需在论文写作过程中，按照规定的格式要求进行操作即可。

（三）研究方法的规范

研究方法的规范指的是研究生学位论文写作过程中所使用的研究方法要符合要求。研究方法的规范与否在一定程度上决定了研究结论是否可靠、研究成果是否可信。如果在学位论文中使用了错误的研究方法，或者错误地使用了研究方法，可能直接导致学位论文无法通过论文评审，更无法顺利通过学位论文答辩。

案例一：某研究生要研究“高校校报的传播效果”问题，于是，她选择了新闻传播学邻域常用的研究方法——问卷调查法——作为核心研究方法，主要的调查对象为武汉市内 7 所“211”大学的师生。该同学在调查设计中，遇到了几个方法规范问题：首先，7 所“211”大学的学生能否代表武汉市所有的大学生？其次，当被问及如何选择具体的问卷发放对象时，该同学表示：“学生方面，我主要去学校的图书馆或自习室随机发放。而教师方面，主要去学校的教师宿舍楼随机发放。”那么，习惯于在图书馆或自习室阅读或学习的学生对于校报的阅读感受是否具有某些特殊性，他们能否代表学生整体？住在教师宿舍楼的老师具有哪些特殊性，他们能否代表教师整体？如果调查对象所具有的某些特殊性足以对调查问题（高校校报的传播效果）产生直接影响，那么调查结果的可信度将是存疑的。

案例二：某研究生要研究“农民群体的媒介使用习惯”问题，于是，她选择了媒介使用相关研究的常见方法——半结构化访谈法＋问卷调查法，研究对象确定为河北某村庄（该同学家乡）内有媒介使用习惯的农民群体。在开题答辩过程中，当该同学介绍她的“访谈提纲”和“问卷问题”时，答辩老师纷纷提出了质疑：访谈问题和问卷问题中使用了大量的诸如“媒介使用动机”“媒介信任”“媒介依赖”“恐惧诉求”等专业术语，农民群体是否能够充分理解其中的内涵？如果无法理解，他们做出的回答是否具有可信度？

（四）学术语言的规范

学位论文的语言规范指的是学位论文写作过程中需要使用规范的学术语言。学术语言不同于日常语言，是书面语言的一种强化和升级。它具有准确和严谨、抽象、简洁等特点。

1. 准确和严谨

学位论文要求学位申请者对基础理论、前沿问题进行科学有效的论证和研究，在学术语言的使用上，要遵循准确和严谨的原则。具体而言，有如下几个要求：其一，论文中的每个词、每句话、每个段落都要表达准确，不能模棱两可；其二，论文中出现的每个概念、专用名词、理论都要准确和清晰；其三，论文中的每个判断、每个结论都要以客观存在的真实材料或数据为基础，不可主观臆断。

2. 抽象

与其他类型的书面语言（如文学作品）相比，学术论文语言对抽象性的要求相对较高，而学位论文语言相较于普通学术论文而言则要求更高。学位论文的特性，决定了其在语言的选择上，必须体现论文撰写者理性的思考能力、抽象的逻辑处理能力和专业语言的表达能力。

3. 简洁

通常，同学们会认为学位论文的语言一定要很高深才能体现撰写者的学术研究能力。但事实上，尽管学位论文的写作要求语言严谨、准确，但这并不意味着语言一定要复杂和高深。相反，学位论文的语言应做到尽量简洁，用最精简的文字表达最准确的观点，做到语言使用的高效和经济。

（五）材料与数据采集和引用的规范

研究生学位论文中材料与数据采集和引用的规范指的是，学位论文撰写者在采集和引用数据时要符合特定的规范，具体表现在三个方面：材料和数据采集的质量要符合规范、材料和数据的使用和引用要符合规范、材料和数据采集的数量要符合规范。其中，质量要求和引用规范在第四章“新闻传播学研究生学位论文的资料与数据收集”中具体论述，在此不予赘述。那么，材料和数据采集在数量符合规范上有何要求？

新闻传播学研究生学位论文写作经常使用的研究范式包括三类：一类是批判主义研究范式，一类是人文主义研究范式，一类是实证主义研究范式。批判主义研究范式和人文主义研究范式对学位申请者的文史哲综合能力及逻辑分析能力要求较高，所以硕士研究生较少使用上述两种范式。值得注意的是，真正意义的批判主义研究范式和人文主义研究范式并非简单的“经验总结”，即“描述一个现象—分析产生该现象的原因—探索该现象产生的影响及存在的问题—提出针对性的解决策略”这一研究模式，并不都能算作批判主义研究范式和人文主义研究范式。若要在学位论文中采用批判主义研究范式和人文主义研究范式，研究者必须掌握大量的一手和二手材料。具体内容将在后文中进行阐述，在此不予赘述。

在研究生学位论文写作阶段，实证主义研究范式是较为常见的研究范式。具体而言，它又可分为定量研究和定性研究两大类别。不管哪种类别，都或多或少地涉及研究材料和数据的选取问题，关于这个问题，许多同学会有这样的疑问：多大的样本规模是规范的？一般而言，样本规模由以下几种因素决定。

1. 精确度

由于抽样误差不可消除，因此样本的统计值跟总体的参数值之间总是存在着误差。如果对误差的容忍度高、对精确性的要求低，那么样本规模可以小一些，反之，就要扩大样本规模来降低抽样误差。我们经常用置信度（confidence level，也叫置信水平）来估计抽样误差。置信度体现的是研究者对某个推论的可信度和把握度，当我们说“某个抽样结果的置信度为 95％”时，也就是说，“我们有 95％的把握认为”，或者“某个结果出现的可能性为 95％”。为了提高置信度，我们就需要更多的研究样本。相比之下，99％的置信度之下所要求的研究样本就比 95％置信度之下的研究样本多得多。对置信度的要求越高，则样本规模越大。但是，抽样误差的大小不是与样本量成反比，而是与样本量的平方根成反比，因此当样本量增加到一定程度以后，再继续增加样本量，其精确性提高的程度则越来越小，所花费的研究精力和时间就有点得不偿失。[①] 在质性研究中，从没有这样的精度存在。研究者通常从符合这项研究要求的人员、地点、活动中，以系列方式抽样得到研究实例，也就是说，增加的新实例“取决于谁和之前干过什么，因此，正在进行的抽样支持新兴的理论”。这个过程结束时，新数据对已发展出的概念并没有太多的意义。[②]

2. 总体的异质性程度

如果一个总体里的每个个体都一模一样，那么只需要一个个体就能够推断总体，如果每个个体都“非 A 即 B”，那么只需要从 A 类型和 B 类型中各抽取一个个体。以此类推，如果总体的异质性程度提高，说明总体的分布越分散，其波动性越大，同样规模的样本可能会“漏掉”某些类别和特征的个体，因此需要更多的样本量，这也是降低抽样误差的一种手段。[③]

3. 研究者的精力和经费

从精确性和总体的异质性来考虑，样本规模越大则越有代表性，但是，一个研究所

① 陈阳. 大众传播学研究方法导论[M]. 2 版. 北京：中国人民大学出版社，2015：83.

② ［美］托马斯·R. 林德洛夫，［美］布莱德·C. 泰勒. 传播学质性研究方法[M]. 叶欣，李静，周翔，译. 重庆：重庆大学出版社，2020：80.

③ 陈阳. 大众传播学研究方法导论[M]. 2 版. 北京：中国人民大学出版社，2015：83.

能支配的资源是有限的，很多时候，研究者也要受到自己的经费、精力和时间限制，出于可行性考虑，需要缩小样本规模。① 对于研究生而言，一方面要忙于学业和就业问题，一方面经费来源有限，所以做大规模、大样本的调查研究是不太现实的。

4. 研究方法和研究目的

如果研究的目的在于深入理解研究对象，研究者选择了质化方法，那么就不需要大规模的样本，比如电影研究几乎都是个案研究。如果研究目的在于推断总体，研究者选择了量化方法，那么一般而言都需要大规模样本，如受众调查。探索性研究使用小样本就能实现论文撰写者的研究目的，而描述性和解释性研究则往往需要更大规模的样本。②

5. 数据分析里所涉及的变量数目

一般来说，多变量数据分析比一元二元变量分析要求更大的样本规模。当涉及的分类和因素增加时，也要求样本规模扩大，比如研究设计里决定将全部个体按照受教育程度划分成小学以下、小学、初中或中专、高中、大专及以上五个组，那么每个组一般至少需要 30 个样本，共计 150 个样本。如果再加上地区变量，即还要考虑每个组的个体是来自东部、中部还是西部，那么按 15 个组、每组 30 个样本计算，则至少需要 450 个样本。③

总之，数据来源的数量因研究而异。要考虑的主要因素是项目范围、所研究场景的复杂性以及研究者的时间和资源。有的研究只需要一个样本，有的研究则需要成千上万个样本。

二、新闻传播学研究生学位论文写作中的学术伦理

学术伦理中最重要的问题是关注如何对待受试者，他们被定义为“研究者通过干预或与个人互动来获取关于某个体或可识别的私人信息数据的生命个体”。为了做到不要伤害受试者，20 世纪 80 年代，每个大型学术协会都规定了自己的准则，其中有四大准则是大家共同强调的，它们对归纳法科学的研究手段起着指导作用，这些科学方法指向社会主流认同的研究目的。④

（一）知情同意

知情同意，指的是被研究者有权知晓他们所参与的实验/研究的性质和后果。对人的自由的尊重包括两个方面：首先，主体必须是自愿同意参与实验/研究的，也就是说，没有身体或者心灵上的强制；其次，他们的同意必须建立在全面、公开的信息基础之上。⑤ 比如在发放调查问卷之前，应该在问卷中或口头告知问卷填写者该问卷的核心意图。在访谈时，访谈者也应明确告知访谈对象此次访谈的意图，并争取访谈对象的同

① 陈阳. 大众传播学研究方法导论[M]. 2 版. 北京：中国人民大学出版社，2015：83.

② 陈阳. 大众传播学研究方法导论[M]. 2 版. 北京：中国人民大学出版社，2015：83.

③ 陈阳. 大众传播学研究方法导论[M]. 2 版. 北京：中国人民大学出版社，2015：83.

④ [美]诺曼 · K. 邓津，[美]伊冯娜 · S. 林肯. 质性研究手册：方法论基础[M]. 朱志勇，王熙，阮琳燕，等译. 重庆：重庆大学出版社，2018：104.

⑤ [美]诺曼 · K. 邓津，[美]伊冯娜 · S. 林肯. 质性研究手册：方法论基础[M]. 朱志勇，王熙，阮琳燕，等译. 重庆：重庆大学出版社，2018：104.

意。为解决“知情同意”问题，研究者可以同被研究者签订知情同意书，知情同意书的格式如下。

参加研究的同意书：列克星敦骑行社①

(1)你为什么被邀请参加这个研究？

你被邀请参加这个调查肯塔基列克星敦骑行社的研究。因为你有特别专长或对列克星敦骑行社有一个或多个方面的认识。如果你选择参加这项研究，你将是30～50位的个体被访者之一。

(2)这项研究是谁做的？

我，米奇·施瓦兹，是肯塔基大学传播与信息研究学院的一名研究生。我的研究是由肯塔基大学的托马斯·林德尔夫博士指导的。

(3)这项研究的目的是什么？

我正在进行的这项研究，是要为构成我的硕士论文的研究提供信息。本研究的目的是：①描述列克星敦骑行社的目标和结构；②评估列克星敦社区对骑行社的评价；③评估骑行社在传递列克星敦社区理念和目标方面的成功。我希望此研究有助于骑行社更好地协调其成员和活动安排，更有效地实现其目标。

(4)你会被要求做什么？

你在这项研究中的参与主要包括一个面对面的访谈，将包括10～15个开放式的问题，并将持续30～60分钟。访谈将用数字录音机来记录，以保证该研究的准确性。

(5)有哪些可能存在的风险和不适？

所有的访谈问题都涉及骑行社和你在骑行社的参与度。因此，在访谈中所涵盖的材料不会引起包括心理、情感、法律或其他方面的任何风险。

(6)你必须参加这项研究吗？

所有参与是完全自愿的，你不必回答任何你觉得不舒服的问题。此外，你可以选择在任何时间以任何理由结束采访。

(7)你参加这个研究要花费什么吗？

参与这项研究不会花费你任何金钱。

(8)你参加这项研究会得到什么回报吗？

参与本研究虽没有什么有形的报酬，然而，我们会非常感谢你为此付出的时间和辛劳。

(9)谁会看到你所提供的信息？

为了给研究提供更多的可信性和实用性，我会要求你允许我们在随后的报告中使用你的真实姓名以及和你相关的明确特征。这些报告可能会用于各类项目，包括作为我硕士论文的一部分，在各种学术期刊上发表，和/或作为骑行宣传工作的一部分发表。如果你同意我使用你的真实姓名和其他识别信息，请在下面签上你名字的首写字母以表明你的同意。

---

① [美]托马斯·R.林德洛夫，[美]布莱德·C.泰勒著.传播学质性研究方法[M].叶欣，李静，周翔，译.重庆：重庆大学出版社，2020：83.

如果你希望隐藏或改变在随后报告中的识别信息，我将为所有能确定你身份的研究记录保密。然而，我可能需要向核实我已经正确完成研究的人显示识别你的信息，这些将是来自像肯塔基大学这样的组织的人。

(10)你还需要知道什么？

除了最初的访谈，随着研究展开而出现的后续问题和所关切的事情，我希望与你联系。再次强调，你参与这种后续的活动是完全自愿的，你可以用你觉得舒适的身份做出回应。如果你同意，我可以在未来后续问题/所关切的事情时与你联系，请在下面初步注明你的同意。

(11)如果你还有什么问题、建议、顾虑或投诉，该怎么办？

在决定是否参加这项研究之前，请询问你现在能想到的任何问题或分享你的任何顾虑。以后，如果你对此研究有任何问题、建议、顾虑或投诉，你可以通过电子邮箱 Mitchael. Schwartz@gmail. com 联系我。你还可以联系肯塔基大学的诚信研究办公室(电话是 85925×××××或拨打免费电话 186640×××××)询问你在这项研究中作为一名志愿者的权利问题。你可以保留这份同意书的副件以供日后参考。

如上文所述，请注明你同意参加这项研究，并签署如下：

日期	同意参加研究的人的签名
________________	________________
日期	同意参加研究的人的打印名
________________	________________
日期	知情同意的授权者姓名
________________	________________

(二)反对欺骗

在强调知情同意的同时，社会科学的伦理准则也反对欺骗。“甚至对那些罪犯、小学生、精神病人的合理欺骗的家长式作风的论证也不再是可信的了。”这一原则的直接应用就是要求研究者在设计各种实验业或进行研究时要避免故意的欺骗。①

(三)隐私与隐秘性

伦理准则坚持要求对人们的身份和研究的地点提供安全保证。为了防止不必要的暴露，作为基本保护措施的隐秘性必须得到保证。所有的个人数据必须是安全的、隐秘的，并且只采用匿名的形式进行公开。行业规范一致认为，没有人应承担由不适当的研究实践而导致的伤害和尴尬的后果。“社会科学研究中最有可能的伤害来源”是个人信息的泄露，大多数研究对象认为这是对自己的伤害。②

---

① [美]诺曼·K. 邓津，[美]伊冯娜·S. 林肯. 质性研究手册：方法论基础[M]. 朱志勇，王熙，阮琳燕，等译. 重庆：重庆大学出版社，2018：104.

② [美]诺曼·K. 邓津，[美]伊冯娜·S. 林肯. 质性研究手册：方法论基础[M]. 朱志勇，王熙，阮琳燕，等译. 重庆：重庆大学出版社，2018：105.

(四)精确性

确保数据的精确性也是社会科学准则中的一条主要原则。伪造和骗取、省略和杜撰既是不科学的,也是不道德的。在该领域,在实验和道德方面最有价值的东西是具有内在和外在效度的数据。工具主义者认为,价值中立的社会科学、用测量工具所下的定义本身就确立了用来对其进行道德评价的目的。[①]

2007 年 1 月 16 日,中国科协七届三次常委会议审议通过了《科技工作者科学道德规范(试行)》,其中第三章列出了七种学术不端的表现形式,其中涉及学位论文写作的有两点:①故意做出错误的陈述,捏造数据或结果,破坏原始数据的完整性,篡改实验记录和图片;②侵犯或损害他人著作权,故意省略参考他人出版物,抄袭他人作品,篡改他人作品的内容。《高等学校科学技术学术规范指南(第二版)》中也列出了三种主要的学术不端行为:①抄袭与剽窃;②伪造和篡改;③一稿多投和重复发表。其中前两种与《科技工作者科学道德规范(试行)》中提及的不端行为相似。[②]

基于此,在学位论文的材料和数据引用过程中,学位论文撰写者首先需要注意的就是禁止“抄袭与剽窃”。所谓抄袭和剽窃,指的是未经许可擅自取用他人思想产品并将其作为自己的思想产品的错误行为。其主要做法是在自己的文章中使用他人的思想见解或语言表述,而没有申明其来源。不论是全部发表还是部分发表,也不论是原样发表还是删节、修改后发表,均应该认为是抄袭与剽窃。《中华人民共和国著作权法》第 52 条规定,抄袭和剽窃的法律后果是“应当根据情况,承担停止侵害、消除影响、赔礼道歉、赔偿损失等民事责任”。[③] 其次,需要注意禁止“伪造和篡改”。所谓伪造,指的是在科学研究活动中,记录或报告无中生有的数据或实验结果的一种行为。伪造不以实际观察和实验中取得的真实数据为依据,而是按照某种科学假说和理论演绎出的期望值,伪造虚假的观察与实验结果。篡改是指在科学研究活动中,操纵实验材料、设备或实验步骤,更改或省略数据或部分结果,使得研究记录不能真实地反映实际情况的一种行为。某些科研人员在取得实验数据后,或为了使结果支持自己的假设,或为了附和某些已有的研究结果,对实验数据进行“修改加工”,按照期望值随意篡改或取舍数据,以符合自己期望的研究结论。[④]

本章小结

新闻传播学研究生学位论文写作要遵循的学术规范包含选题规范、格式规范、研究方法的规范、学术语言的规范、材料与数据采集和使用的规范等几个方面。其中,选题规范包括三个层面:首先,坚持正确的政治立场;其次,坚持选题的原创性;最后,坚持选

---

① [美]诺曼·K.邓津,[美]伊冯娜·S.林肯.质性研究手册:方法论基础[M].朱志勇,王熙,阮琳燕,等译.重庆:重庆大学出版社,2018:105.

② 教育部科学技术委员会学风建设委员会.高等学校科学技术学术规范指南[M].2 版.北京:中国人民大学出版社,2017:41.

③ 引自中华人民共和国中央人民政府网站。

④ 教育部科学技术委员会学风建设委员会.高等学校科学技术学术规范指南[M].2 版.北京:中国人民大学出版社,2017:45.

题的专业性。格式规范包括研究生学位论文应该在所含要件、语言风格、引文注释、排版格式等方面符合相关规范的要求；研究方法的规范指的是学位论文所选研究方法对研究主题是合适的，且研究方法的使用是符合规范的。学术语言的规范主要是准确和严谨、抽象、简洁。材料与数据采集和引用的规范则主要表现在材料和数据采集的质量要符合规范、材料和数据的使用和引用要符合规范、材料和数据采集的数量要符合规范三个方面。而研究生学位论文写作中要遵循的学术伦理主要包括知情同意、反对欺骗、隐私与隐秘性、精确性四个方面。

新闻传播学研究生在学位论文写作过程中应严格遵从以上学术规范与伦理。

第三章　新闻传播学研究生学位论文的选题

一个好的选题是一篇优秀学位论文的重要基础。如上文所言，许多同学在选题环节就开始陷入“不知如何下手”“什么题目都可以做，但又什么题目都不好做”的境地，这使得学位论文写作工作迟迟无法正式展开。那么，新闻传播学研究生学位论文的选题有怎样的特殊性，选题有哪些主要来源，在选题时应如何处理题目“过大”或“过小”的矛盾，又该如何解决题目的“创新”与“稳妥”之间的关系？这是本章重点解决的核心问题。

第一节　新闻传播学研究生学位论文的选题类型

一般而言，新闻传播学研究生学位论文的选题从所属学科方向上来分，可以分为三类：新闻传播理论研究、新闻传播史研究和新闻传播业务研究。

一、新闻传播理论研究

新闻传播理论研究主要解决的问题包括如下几个层面。

(1)围绕“新闻/传播是什么”而产生的新闻传播本体理论。新闻传播本体理论重点探求揭示、解释说明新闻/传播的本质和特性、新闻/传播的功能和价值、新闻/传播的要素构成、新闻/传播的基本结构、新闻/传播的基本矛盾、新闻/传播的基本观念与方法，以及新闻/传播的基本规律等问题。

(2)围绕“新闻/传播事业是什么”而建构的新闻/传播事业理论。新闻/传播事业理论是把新闻/传播活动作为社会活动系统或社会分工系统的一个子系统，主要以新闻/传播事业为对象，探求新闻/传播事业产生、演变与发展的过程及规律，分析新闻/传播事业的性质特征与功能作用，考察新闻/传播事业的管理与控制，揭示新闻/传播事业的运行机制与规律等。

(3)围绕“新闻/传播关系是什么”而建构的新闻/传播关系论。新闻/传播关系论主要是把新闻/传播活动置于社会环境之中，置于与社会其他系统的关系之中，考察分析新闻/传播本体、新闻媒介(媒体)、新闻/传播事业与社会整体及其各个社会子系统之间的关系。

另外，还有一个非常重要的内在——新闻精神论，主要由新闻自由论和新闻道德论构成，是新闻理论深层的价值理念。

事实上，毋宁说刚刚踏入学术研究领域的博士研究生、硕士研究生，就算著作等身的权威学者，要想从事纯粹的新闻传播理论研究，都不是一件轻而易举的事。但这并不意味着新闻传播学研究生在学位论文选题中应该完全放弃理论研究类选题。恰当的做法是，在现有学术成果的基础上，努力寻求理论上的突破。

案例一：以新闻传播学博士学位论文《网络传播消费主义现象批判》为例。

该论文在网络传播的语境下，对消费主义现象进行了批判。从选题分类上来看，该论文属于传播理论范畴。在论文中，作者提出：20世纪90年代中国社会经历了一次重要的文化转型，大众文化热潮兴起，后现代主义思潮涌入，消费主义盛行，主流文化、精英文化占主导地位的文化格局发生了变化。互联网在这个时候在中国兴起并迅速发展。网络本身的技术特点使其迅速与大众文化、后现代主义和消费主义融合。在倡导和传播消费主义、大众文化的同时，网络媒介也完成了自身的消费主义文化变异——网络成为欲望生产和消费的重要媒介和手段。这种变异在传播手段上表现为网络语言的出现，网络恶搞、"人肉"搜索等网络手段的大量使用；在传播内容上表现为网络虚假新闻、煽情新闻大量出现，网络广告对消费主义大肆倡导，网络消费类信息泛滥；在传播取向上表现为商业化、娱乐化和低俗化。网络媒介文化的这种变异，在一定意义上构成了对媒介主流意识形态宏大叙事的解构和媒介话语霸权的消解，将作为文化意识形态的消费主义再生产出来，从而提供了一种文化民主的可能，但同时也可能导致网络媒介的社会责任感缺乏、人文精神消解，并带来一定的精神文化危机。①

之所以将该主题作为博士学位论文的选题，作者认为：网络媒介传播实践为理论研究提出了新的问题，这些问题需要理论研究通过抽象、概括、判断和推理，从学理角度进行规律性总结，然后反过来作用于实践，指导实践、改进实践。而过往的研究虽然注意到了大众传媒的消费主义倾向，但从文化与意识形态角度专门针对网络传播消费主义现象开展的批评和研究相对不足。②

案例二：以新闻传播学博士学位论文《媒介形象系统论》为例。

该论文首次从理论层面提出了媒介形象系统的设想，梳理了前人对于媒介形象的研究和理解，认为媒介形象系统是人们对于大众传播媒介组织及其再现事物认知信息的总和，是一个"开放的复杂巨系统"，并分析了媒介形象系统的认知特征。该论文中，将媒介形象系统分为传播者媒介形象系统和被传播者媒介形象系统进行论述，还分析了媒介形象系统的外部和内部结构、媒介形象和国家形象之间的关系，构建了两者之间关系的模型，并研究了媒介形象系统的功能，由此论证了媒介竞争必然是形象制胜。

之所以将该主题作为博士学位论文的选题，作者认为：过去的相关研究偏重于对传播者的媒介形象研究，也就是注重对组织形象的研究，而对被传播者的研究一直没有提升到媒介形象的高度来认识。③ 由此思路扩展选题视角，并完成学位论文的写作。

二、新闻传播史研究

新闻传播史研究以新闻传播事业发生和发展的历史及其规律为核心研究对象。方汉奇先生认为，新闻史，从宏观的角度来说，需要研究的是整个人类新闻传播活动的历史；从微观的角度来说，则要研究一个国家、一个地区、一个时代、一个时期新闻传播活

① 高永亮.网络传播消费主义现象批判[D].北京：中国传媒大学，2009.

② 高永亮.网络传播消费主义现象批判[D].北京：中国传媒大学，2009

③ 宣宝剑.媒介形象系统论[D].北京：中国传媒大学，2008.

动的历史，以及一类报刊、一类报人乃至具体到某一家报刊、某一个报刊工作者和某一次宣传报道战役的历史。[①] 这实质上是说，新闻史也像其他学科的历史研究一样，包括通史研究、断代史研究和专门史研究。一般而言，相较于通史研究，断代史研究和专门史研究更适合作为新闻传播学研究生学位论文的选题。

案例一：以新闻传播学硕士学位论文《张季鸾与托马斯·巴恩斯新闻思想比较研究》为例。

该论文对《大公报》主编张季鸾和《泰晤士报》主编托马斯·巴恩斯的新闻实践进行了历史梳理，并以自由主义为主要理论视角，对两者的新闻思想进行了比较研究，并就其异同产生的原因进行分析。[②]

之所以将该主题作为硕士学位论文的选题，作者认为：作为两份百年大报最为辉煌时期的总编辑，在面对同样复杂的社会、政治、经济环境时，二人都选择看似相同的办报路径。但是由于政治体制、媒体传统、社会条件以及个人自身素质和理想追求的不同，二者又存在较大的差别，那么，这种差异是如何造成的，它对于理解当下的东西方新闻实践和新闻思想的不同是否具有历史借鉴意义？以此展开选题探究，并完成学位论文的写作。

案例二：以新闻传播学博士学位论文《传播与流变——媒介视野下西方卫生知识在近代中国的流通(1840—1937)》为例。

该论文讨论了近代中国媒介环境的变化与西方卫生知识生产流通之间的关系，以不同的媒介环境为分期，探寻每个社会阶段媒介对西方卫生知识传播产生的影响。将西方卫生知识的传播过程放在政治变革和技术发展的整体背景中去看待，阐述了新知识经过何种媒介传入中国并落地生根，进而探究媒介与知识、媒介与社会等诸多层面的关系。

之所以将该主题作为博士学位论文的选题，作者认为：知识对于社会发展而言是非常重要的，而媒介在知识的传承和传播过程中发挥着重要作用。从卫生史现有研究成果来看待西方卫生知识在近代中国的演变，大多关注卫生知识的政治性，或关于卫生知识是非对错的讨论。但作者认为将西方卫生知识放置到传播过程中去探讨，会发现诸多值得讨论的问题：当有悖于传统知识体系的西方卫生知识传入近代中国时，媒介扮演了什么角色？时人因何理由、经由何种媒介接受了这种陌生的知识，其中是否存在争论？知识的传播者如何使这种认知得到他人的信任，解决这些问题对于促进中国健康传播的研究是否具有促进作用？[③] 由于这些问题进行思索，并确定合适的选题开展论文写作工作。

案例三：以新闻传播学博士学位论文《上海新闻记者职业团体研究(1921—1937)》为例。

该论文以1921—1937年上海的新闻记者职业团体为研究对象，梳理了这一期间上海新闻记者职业团体演变的历史脉络，探讨了上海新闻记者职业团体的组织结构、团体

---

① 方汉奇. 中国新闻事业通史（第一卷）[M]. 北京：中国人民大学出版社，1992：2.

② 王大丽. 张季鸾与托马斯·巴恩斯新闻思想比较研究[D]. 武汉：华中科技大学，2011.

③ 陈佳丽. 传播与流变——媒介视野下西方卫生知识在近代中国的流通(1840—1937)[D]. 武汉：华中科技大学，2018.

性质、组织管理、运作机制等，在此基础上分析了上海记者职业团体形成和发展的历史动因，并对其发展状况进行了历史评价。

之所以将该主题作为博士学位论文的选题，作者认为，新闻记者职业团体是新闻事业的重要组成部分，是考察新闻职业化与社会历史变迁的一个切入点，在中国新闻史研究中是不容忽视的，但学界尚未给予足够的重视。① 这个选题通过研究 1921—1937 年上海新闻记者职业团体，能够弥补相关研究的不足，同时可以反思当今中国新闻记者职业团体存在的问题，并为问题的解决提供历史借鉴意义。

三、新闻传播业务研究

新闻传播业务研究包括了新闻传播业务涉及的诸多核心领域，如采（新闻采访）、写（新闻写作）、编（新闻编辑）、评（新闻评论）、摄（新闻摄影）、管（媒体经营与管理）等，重点研究新闻生产各个环节中的实际操作方法与技巧。一般而言，新闻传播业务类选题的普适性比较高，不论是博士学位论文、学术型硕士学位论文，还是专业型硕士学位论文都可以选择新闻传播业务类选题。当然，如果所在学校有相关要求（比如，有些学校要求学术型硕士学位论文必须使用相关理论），那么，博士学位论文和学术型硕士学位论文在选择新闻传播业务类选题时，需要注意做到理论与业务相结合，或史实与业务相结合。

案例一：以新闻传播学博士学位论文《比较视域下的中美调查性报道研究》为例。

该论文主要以中国新闻奖和普利策新闻奖中的调查性报道获奖作品为样本，从概念、历史、采访、写作等方面全景扫描中美调查性报道的异同，并从传播观念、新闻体制、调控规制等方面解析造成差异的原因，以寻求中国调查性报道的个性和不足，并尝试提出建议和策略。

之所以将该主题作为博士学位论文的选题，作者认为，调查性报道是新闻研究领域的热点学术话题。在中国，调查性报道被视作最能够彰显新闻品质的报道方式之一；在美国，调查性报道和客观报道、解释性报道三足鼎立。过去的相关研究主要集中在调查性报道的个案分析、源流梳理、实务探究方面，在中外比较研究领域成果较少。② 从此角度挖掘选题开展论文写作有一定的学术价值。

案例二：以新闻传播学硕士学位论文《新闻采访权保护探析》为例。

该论文以新闻采访权为核心研究对象，探讨了新闻采访权的内涵、外延和特征，并在此基础上分析了采访权运行中的权利冲突和平衡，剖析了我国相关制度的现状和问题，了解国外的有益经验，并为我国新闻采访权相关制度的完善提供了借鉴。

之所以将该主题作为硕士学位论文的选题，作者认为：新闻采访权是一种与公众知情权、舆论监督权密切相关的权利。我国目前虽然还没有专门的法律、法规明文规定记者享有采访权，但新闻采访权被认为源于宪法规定的自由和权利，不仅在习惯上、观念上得到了公认，在法理上也有一定的依据，它散见在我国现有的一些法律、法规及政策性文件中。研究和了解新闻采访权，是为了更好地保障公民的知情权和言论自由，使新

① 徐基中. 上海新闻记者职业团体研究（1921—1937）[D]. 武汉：华中科技大学，2016.

② 段勃. 比较视域下的中美调查性报道研究[D]. 武汉：华中科技大学，2017.

闻舆论监督得以实现。①

此外，新闻传播学研究生学位论文的选题也可以按选题关注的具体对象进行划分，划分的标准可以参照美国学者哈罗德·拉斯韦尔的“5W 模式”。哈罗德·拉斯韦尔在《传播在社会中的结构与功能》中，提出了构成传播过程的五种基本要素，也即“5W 模式”。5 个 W 分别是英语中 5 个疑问代词的第一个字母，即 who（谁）、says what（说了什么）、in which channel（通过什么渠道）、to whom（向谁说）、with what effect（有什么效果）。后来，人们依据“5W 模式”将大众传播学研究划分为五大核心领域：控制研究（传播者/传播制度等）、内容分析（传播内容，不同媒体对某一主题的报道、一家媒体的多主题报道）、媒介分析（传播所借助的载体，如报纸、广播、电视、网络、自媒体、社交媒体、融合媒体等）、受众分析（传播内容的接收者，比如作为信息接收者的受众、作为信息传播者的受众、作为信息生产者的受众）和效果分析（传播活动产生的效果）。这一划分方式也可以为研究生学位论文的选题提供较好的参照。

第二节 新闻传播学研究生学位论文的选题来源

由于受到学科特性的影响，新闻传播学研究生在进行学位论文选题时，除了应该坚持一般的选题原则外，还应考虑其他特殊的选择原则。一般而言，新闻传播学研究生学位论文的选题来源包括但不限于以下三种：导师熟悉的领域或课题、自己感兴趣的领域、自己擅长的领域。三种来源各有所长，学位论文撰写者可根据自身情况进行选择。

一、导师熟悉的领域或课题

从导师熟悉的领域或课题中选择一个主题作为学位论文的选题，是新闻传播学研究生较为常见的选题方法。这种方法最大的优点在于：一方面，导师对所选主题有较为成熟的前期成果或者较为深入的思考，能够在研究重点、研究逻辑、理论使用、方法选择、研究框架等诸多方面为学生提供更加有针对性的指导；另一方面，导师在做相关研究的过程中，为该选题积累了丰富的参考资料、核心文献和一手数据等，可以为学生提供丰富的资料和数据支撑，帮助学生在材料和数据收集方面少走弯路。

案例一：某导师的研究领域与研究专长是新闻理论与新闻史，对中国共产党新闻传播史、民国时期新闻传播史、主流媒体新闻事业史尤其关注。因此，近年来，该导师所带的研究生也尝试从上述几个领域入手开展新闻史研究，比如某硕士研究生以“国民党党营报纸《中央日报》”为研究对象，分析了该报在 1946 年的改革活动。之所以选这个题目，是因为该硕士研究生的导师在此之前研究了国民党党营新闻机构——《中央日报》、中央通讯社、中央广播电台于 1932 年进行的现代化改革。在做相关研究的时候，导师发现这些新闻机构自 1932 年改革之后，《中央日报》又于 1946 年进行了一次重大的改革，于是，就产生了一个疑问：1946 年改革与 1932 年改革之间是否存在关联，二者之间有何不同？该导师在同这个硕士研究生进行交流的时候提到了这一选题，学生表示愿

① 李敏. 新闻采访权保护探析[D]. 上海：复旦大学，2008.

意将这个题目作为学位论文选题展开进一步研究。选题确定后，导师向学生分享了自己前期研究中积累的资料、方法和阶段性成果，最终，该学生顺利完成了学位论文的写作。

案例二：某导师家里有一位低龄幼儿，日常生活中，这位导师要经常为孩子选购绘本并为孩子读绘本。在此过程中，这位导师发现，某些儿童绘本中存在明显的性别固化现象，比如妈妈的角色印象总是以“照顾家庭”“温柔”“需要被保护”等描述为主，而爸爸的角色印象则更多地以“出门工作”“勇敢”“力量”等描述为主。那么，这一现象普遍存在于儿童绘本中吗？如果是，这一现象会对儿童的性别认知产生怎样的影响，是否适应当下社会中越来越多元的性别认知和性别文化？这位导师在与她的研究生进行选题交流时，有一位研究生表示对这个选题很感兴趣，想要作为学位论文进行深入研究，于是，该同学以“丰子恺儿童图画书奖”获奖作品为研究对象，完成了“儿童绘本中的性别呈现与表达”相关选题的论文的写作。

值得注意的是，选择导师熟悉的选题也存在一定的局限性，比如，学生在学位论文写作中的研究思路、研究方法甚至是研究结论都很有可能受导师的影响而难以有实质性突破。又比如，导师指导的几位学生同时选取一个相近的主题进行研究，容易出现选题之间区分度不够、内容重复等问题。因此，研究生将导师熟悉的研究领域作为学位论文选题时，尤其需要注意避免上述可能出现的问题。

二、自己感兴趣的领域

除了从导师熟悉的领域中选题，研究生还可以从自己感兴趣的领域出发寻找选题灵感。常言道“兴趣是最好的老师”，写作学位论文也是如此。众所周知，学位论文写作是一个相当枯燥又艰难的“大工程”，在这个过程中，写作者会遇到各种各样意想不到的困难，甚至许多同学都出现过不止一次“想放弃”的念头。在这种情况下，一个让人兴趣满满的选题，一方面，可以提供源源不断的研究灵感，另一方面，也可以在我们想要放弃时提供继续坚持下去的动力。

案例一：某硕士研究生是一位篮球爱好者，而且是 NBA 勇士队的“骨灰级”粉丝。在日常生活中，她经常浏览勇士队的新闻、贴吧等内容，而且加入了勇士队的各级粉丝群（微信群、QQ 群等）。当她参与粉丝群内部的相关讨论时，发现了许多值得研究的问题，比如，粉丝群内部成员是如何建立线上传播和交流机制的？新粉丝刚刚入群时，群内成员如何对待新人，且这种态度在多大程度上影响了新成员的群体归属感？这种线上的传播和交流机制又以怎样的方式影响着粉丝成员间的线下交流模式？等等。于是，这位同学便以此为切入点，寻找到了一个非常好的选题，最终完成了一篇有意义且有趣的高质量学位论文。

案例二：某硕士研究生平时对音乐非常感兴趣，他经常使用网易云音乐 App 听音乐，浏览该 App 评论区的内容，并在评论区与其他网友进行互动与交流。在此期间，他发现，网易云音乐的评论区经常出现一些“负面的”“颓废的”“悲伤的”评论，这种现象不仅仅出现在“伤感类”歌曲的评论区，甚至出现在正能量满满的红歌评论区中。于是，他决定对此现象一探究竟。在进行文献检索后，他了解到这种现象属于当下在青年人中特别流行的“丧文化”。因此，他将网易云音乐评论区作为核心研究对象，从“青年亚文化”理论出发，研究其中隐含着的“丧文化”现象。从社会背景、文化背景、用户心理和平台特点等角度出发，探讨了网易云音乐评论区“丧文化”的产生背景和形成动因，对“丧文化”的形式和内容特征展开了讨论，从平台内传播和跨平台传播两个方面对网络“丧文化”的传播机制进行了分析，并在此基础上对普遍流行着的“青年丧文化”提出可行的引导策略。

三、自己擅长的领域

擅长的领域和感兴趣的领域如何区分？什么领域属于擅长的领域，一般而言，擅长的领域可以包括以下三个方面：第一，对某个现象、事件、人物、理论等有非常深入的认识，能够针对特定问题提出自己独特的观点；第二，对某个现象、事件、人物、理论等有充分的材料或数据积累，且能够较快地寻找、获得、分析与之相关的其他材料或数据；第三，对某个现象、事件、人物、理论等所使用的研究方法较为熟悉，能够灵活运用恰当的方法对同类问题展开研究。选择擅长领域的主题作为学位论文，最大的优点是可以快速上手，省去大量了解主题、材料和理论准备、方法研究等环节的准备工作，能够以较高的效率完成学位论文写作。

那么，具体怎样操作呢？研究生可以通过以下几种路径从自己擅长的领域中选择学位论文的选题。

第一，在本科学位论文、学年论文、已经发表的期刊论文或课程论文等的基础上，对原有主题进行扩展或延伸，使得硕士学位论文在研究深度上所有精进。

案例一：某学院将“经济新闻”和“法治新闻”作为特色专业，并专门为研究生开设了“经济新闻”“法治新闻”等相关课程，许多学生的毕业论文选题都受到这些课程的课堂展示、课程论文的启发。比如，一位同学因为在“经济新闻报道研究”的课程论文中做了《经济日报》的相关研究，于是，其学位论文就在课程论文的基础上进行扩展，做了《经济日报》扶贫报道的历史变迁研究。另一位同学在“法治新闻”课程上，对“新闻伦理”问题有所了解并进行了深入思考，于是，其学位论文以电视剧《我们与恶的距离》和《匹诺曹》为例，对“新闻题材电视剧中的新闻伦理问题”进行了研究。

第二，在本科学位论文、学年论文、已经发表的期刊论文或课程论文等的基础上，对原有研究对象（样本或材料）进行扩容或精简，从而使得硕士学位论文在研究广度上有所拓宽。

案例二：某硕士研究生的本科学位论文研究了某一年内《经济学人》对于名人讣告的报道，其研究生学位论文便将研究范围扩展到 2015—2019 年，且将名人讣告范围定位于“女性讣告”上，研究了“2015—2019 年间《经济学人》发表的 59 篇女性讣闻报道所使用的话语符号”。这篇研究生学位论文相比本科学位论文研究范围更广，但研究主题却更集中。

第三，在本科学位论文、学年论文、已经发表的期刊论文或课程论文等的基础上，对原来使用的研究方法进行升级或优化，从而使得研究结论在科学性和合理性方面有所改进。

案例三：某硕士研究生在课程论文中使用经验总结的方法对《人民日报》海外版的扶贫频道内容进行了梳理，在学位论文选题时，她决定对研究方法进行升级，用更为科学严谨的内容分析法代替了较为主观的经验总结法，最终得出来的结论更加具体、更加具有说服力，也更加符合研究生学位论文的写作规范。

第四，对于跨专业攻读新闻传播学研究生的同学，可以将原专业与现专业进行结合，在二者之间寻求平衡并建立有效且合理的关联。

案例四：某新闻传播学硕士研究生的本科专业是管理学，她期望硕士学位论文选题能够在管理学和新闻传播学之间找一个最佳结合点。导师与她多次沟通与交流后，发现她对大型公司的危机管理有很大的兴趣，且前期积累也不错，加之当时正值“华为被美国制裁”的关键时期，所以建议她以华为内部论坛“心声社区”为例，以“危机传播”为理论视角，分析华为公司在危机事件中的议题管理。最终，该研究生完成了一篇高质量的学位论文。

第三节　新闻传播学研究生学位论文的选题原则

新闻传播学专业与其他人文社科专业相比，有一个非常重要的特征：它对时效性的要求相对较高。而且由于新闻行业与意识形态的关系较为紧密，因此该专业对适宜性的要求也较高。除此之外，新闻传播学研究生学位论文的选题原则还包括大小适中原则和“新”“稳”平衡原则。

一、适宜性原则

适宜性原则指的是新闻传播学研究生学位论文在选题时应特别注意所选主题是否违反国家安全、社会主义核心价值观、学术研究规范等。具体来说，就是尽量避开将存在重大争议的、敏感的话题作为学位论文的选题。此外，在涉及西方、民族、宗教等问题的讨论，或者中西方同题比较时，一定要注意不同政体、社会、文化、意识形态之间存在的不同属性，不能盲目进行价值判断。

二、时效性原则

新闻传播学研究生学位论文选题的时效性原则指的是学生在选题时，尤其是选择新闻业务类题目时，应该特别关注新闻现象的新鲜度等问题，一般而言，选择热门的新闻传播事件、新型的新闻传播现象、新兴的新闻传播技术和新闻传播理论进行研究，最能够体现出新闻传播学这一学科的学科特性（新闻史研究除外）。

但同时也需要警惕这样一个问题：网络媒体时代，信息更新速度极快，新闻热点的更替频率非常高，因此，当我们决定以时效性作为学位论文选题的基本原则时，需要考量一个特别重要的问题：从选题到学位论文答辩大概需要一年的时间，一年后，这一新闻现象是否还有研究的价值，或者所选取的样本是否还具有典型的代表性？

案例一：某硕士研究生在选题阶段提出对“疫情的相关报道与传播”感兴趣，日常生活中也多有观察，想要研究某一家媒体对于某一议题的报道与呈现，同时，这位同学自身又对符号学、修辞学等相关理论感兴趣，于是，经过与导师多次交流与沟通，最终将“新华社疫情期间推出的专题栏目——‘创意海报突击队’战疫海报”确定为研究对象，并从视觉修辞符号、视觉修辞策略以及视觉修辞意义三个层面对 111 幅“‘创意海报突击队’战疫海报”进行了详细分析。该学位论文最终被评为“优秀学位论文”。

对于当前的媒介环境而言，热播电视剧、网络综艺、纪录片、直播带货、在线健身、慢直播等现象也都是不错的学位论文选题。

三、大小适中原则

选题范围的“大”与“小”，是新闻传播学研究生在选题时普遍困惑的问题。那么，选题范围究竟应该选大还是选小？多大算选题大，多小算选题小，怎样的选题范围才是适中的？

一般而言，当下新闻传播学研究生的学位论文选题普遍存在范围过大的现象。比如，动辄就要研究“传统媒体的转型路径”“大学生媒介素养调查”“中国国际传播的特征”“中国综艺节目的发展策略”等题目。事实上，这种宏大主题的背后反映出的恰恰是学位论文写作者对该特定领域缺乏深层次的理解。

以“传统媒体的转型路径”为例，许多同学仅仅觉得传统媒体应该转型，但对以下问题却缺乏深入的思考：传统媒体为何要转型，传统媒体应该如何转型，转型的效果如何评估，目前国内外传统媒体转型做得非常成功的案例有哪些，等等。如果把上述问题理清，那么，其中任何一个小问题都可以成为一个范围相对更小的论文选题。

1. 传统媒体为何要转型

传统媒体转型，是新媒体带来的压力，还是受众的媒体使用习惯发生了改变，抑或是传统媒体的盈收状况不容乐观，又或者仅仅是为了“迎合潮流”，等等。围绕传统媒体的转型动因，可以选择以下题目：《××视域下传统媒体的转型动因研究》，具体而言，可以是《智媒时代传统媒体的转型动因研究》，也可以是《受众转移视域下传统媒体的转型动因研究》等。

2. 传统媒体应该如何转型

传统媒体的转型应该立足于认知模式的转型，还是管理方式的转型，抑或是内容生产的转型？基于此，围绕传统媒体的转型路径或转型策略，可以选择以下题目：《××视域下传统媒体的转型策略研究》或《传统媒体的××转型研究》，具体而言，可以是《多元媒介环境下传统媒体的认知模式转型研究》，也可以是《媒介生态学视域下传统媒体的管理方式转型研究》，或者《UGC视域下传统媒体的内容生产转型研究》，等等。

3. 传统媒体转型的效果如何评估

传统媒体转型之后是否发挥了原有优势，是否弥补了传统的劣势，是否吸引了足够多的受众，影响力和盈利是否有所改善？基于此，围绕传统媒体转型效果的题目可以是《传统媒体转型的××效益研究》，具体而言，可以就《传统媒体转型的经济效益研究》《传统媒体转型的受众效益研究》《传统媒体转型的社会效益研究》等题目展开探讨。当然，也可以选取某个具体的理论作为理论分析框架深入剖析，比如《××理论视域下传统媒体的转型效益研究》等。

4. 国内外传统媒体转型成功的案例

目前，传统媒体转型成功的案例，具体是如何操作的，转型成功的关键因素是什么，还有哪些是需要继续改进的？在这种类型的选题中，可以选取某一个具体的媒体，分析其在转型过程中采取的核心路径，题目可以界定为《××的××转型路径研究》，前者可以是报纸，比如《人民日报》，后者可以是媒介融合或受众生产等。那么，题目可以是：

《〈人民日报〉的媒介融合转型路径研究》或者《传统纸媒的媒介融合策略研究——以〈人民日报〉为例》,等等。

总之,新闻传播学研究生学位论文的选题应特别注意避免“假大空”,同时应避免写成“教材式”的通用性选题。相反,学位论文的选题应该充分体现出学位论文申请者对某一特定领域有着深入且专业的思考。

四、“新”“稳”平衡原则

在思考选题应该“新”还是“稳”这个问题之前,学位论文撰写者应该首先了解这样一个事实:学术创新是极为艰难的。尽管如此,并不代表我们要放弃创新,那么,在研究生学位论文选题阶段,我们应该如何做到创新?一般而言,有四个由易到难的创新方法:使用新案例、使用新方法、使用新视角、使用新理论。

(一)使用新案例

事实上,在学位论文写作中,在研究方法、研究视角和研究理论三方面都“求稳”的情况下,通过使用前人尚未用过的新鲜、典型或特殊的案例,从而实现论文的创新,是较为容易的,这一点,在新闻传播学领域中表现得尤为明显。一方面,传播活动贯穿于人们日常生活中,鲜活的传播案例比比皆是;另一方面,层出不穷的新闻事件借助多元、高效的媒介得以传播,进而演化成为数量众多的“新闻事件”,为新闻传播学研究生学位论文选题提供了丰富的案例库。

案例一:前文曾经提及,某研究生在选题阶段表示对“疫情的相关报道与传播”感兴趣,日常生活中也多有观察,想要研究某一家媒体对于某一议题的报道与呈现,但是在文献检索过程中,这位同学发现,同类型的研究成果已经非常多了,很难实现突破和创新。于是,她决定从最新的且具备典型代表价值的案例入手,寻求突破,在搜集案例过程中,她发现新华社在疫情期间推出的专题栏目——“‘创意海报突击队’战疫海报”非常典型,具有较高的研究价值,于是,她将此案例作为论文的核心研究对象,并以视觉修辞为理论基础,以学位论文写作常用的内容分析法作为研究方法,从而完成了学位论文的写作。在选题过程中,疫情的媒体呈现一直是热门话题,视觉修辞是经典理论,内容分析法是常用的分析方法,使用视觉修辞理论视角分析某个媒介内容也是较为常见的研究视角,但是新华社‘创意海报突击队’战疫海报”作为一种新型的媒介呈现形式,借鉴了电影海报的方式突出抗击疫情的方方面面,明显区别于常见的报纸、广播、电视、网络等其他媒介呈现形式,这是以往研究成果中较少涉及的研究领域,因而具有较强的创新性。

案例二:同样是对“疫情和媒体之间的互动关系”感兴趣,另一位研究生则选择了一个历史事件作为案例切入点——“庚辛鼠疫”,重点分析这一事件发生过程中,媒体对疫情的报道、呈现及其产生的影响。为什么要选择这一历史事件呢?“庚辛鼠疫”是发生于1910年的中国,共造成6万余人的死亡的一次影响巨大的疫情。通过分析百余年以前国内外媒体在“庚辛鼠疫”相关报道中的表现,能够为当前媒体关于疫情的报道和呈现提供良好的历史借鉴。在具体分析中,该同学以较为成熟的信息疫情和认知失调理论为理论基础,以新闻史研究中常见的文献分析法和内容分析法为主要研究方法,分析了“庚辛鼠疫”事件中信息疫情形成的内外部条件,阐述了不同媒体对该事件的报道框架以及对当前信息疫情造成危害的防范措施等内容，由此实现了论文的创新。

案例三：外国媒体眼中的中国形象建构问题是近年来新闻传播领域的重要研究议题。过往研究中较多见的是美国、英国、德国、法国、日本、韩国等欧美及亚洲发达国家的媒体是如何建构中国形象的。那么，如何实现创新？北京外国语大学的一位同学独辟蹊径，选择了斯洛伐克的《真理报》作为核心研究对象，分析了该报在2020年1月至2021年2月的涉华报道是如何塑造中国形象的[①]，由引此实现了论文的创新。

（二）使用新方法

使用新方法，指的并非创造一种全新的研究方法，事实上，在研究生阶段想要创造全新的研究方法是不现实的。那么，如何在方法上实现创新呢？可以将其他人文社科领域内的、较为合适的研究方法引介到自己的研究中。

案例：大连理工大学的一位研究生在研究"新冠疫情期间《人民日报》微博共情传播效果"这一问题时，除了使用常规的内容分析法和调查问卷法对报道数量、文本情绪、报道议题三个向度对于文本中用户态度进行了相关性研究，并在此基础上，创新地使用了人际反应指针量表分文本前测与后测，深入调查了531名用户的特质共情，分析了报道数量、文本情绪、报道议题对于共情效果的影响。[②] 这一方法在新闻传播领域是较为少见的研究方法，因此，该论文在一定程度上实现了方法的创新。

（三）使用新视角

使用新视角是指对一个相对成熟的研究领域或热门话题，打破常规的研究视角，独辟蹊径，从全新的视角切入，以实现研究创新。

案例一：毛泽东新闻宣传思想的研究是一个相对成熟的研究领域，过往学者已经对其进行了大量的研究，常见的研究视角是从新闻专业主义的视角入手，将毛泽东视为职业新闻人，对其新闻思想进行研究。博士学位论文《毛泽东宣传谋略研究》的作者却认为，毛泽东不是一般的新闻从业者，其本质是政治家，因此，从新闻专业主义的角度解读毛泽东新闻宣传思想是不恰当的，而应该将其还原为政治家面貌，将其政治从业历程作为考察其宣传思想发展进程的重要参照，将其政治意图作为其宣传思想形成的主要动因，只有这样，才能探究毛泽东宣传思想的真谛。该文借助研究视角的创新，总结出了明显区别于过往研究结论的新论点，实现了学位论文选题视角的创新。[③]

案例二：青年亚文化问题是社会学领域的一个热门话题，近年来，新闻传播学领域也有越来越多的学者开始关注这一问题。那么，如果要选择这一主题作为硕士学位论文的题目，应该如何实现论文创新呢？华中科技大学的一位研究生将"成人儿童化行为"纳入青年亚文化的研究范畴中，将其视为亚文化现象的一种，分析其具体表现形式及其行为背后的意义生产，实现了论文选题视角的创新。[④]

---

① 梁妙华.新冠肺炎疫情下斯洛伐克《真理报》中的中国国家形象分析[D].北京：北京外国语大学，2021.

② 高锦.新冠肺炎疫情期间《人民日报》微博共情传播效果研究[D].大连：大连理工大学，2021.

③ 王大丽.毛泽东宣传谋略研究[D].武汉：华中科技大学，2014.

④ 秦璇.成人儿童化行为背后的意义生产——以对小猪佩奇的消费为例[D].武汉：华中科技大学，2019.

（四）使用新理论

使用新理论，并不意味着创造一个全新的理论用于学位论文的写作，而是将那些新闻传播学领域不常使用的理论创造性地运用于新闻传播学领域的研究中，比如社会学理论、心理学理论、政治学理论等。

案例：中南财经政法大学的一位研究生想要研究媒介信任对于父母支持未成年人接种 HPV 疫苗的影响，选取了保护动机理论。以保护动机理论为基础理论的研究多集中于探究认知中介如何影响应对模式，但是在她的研究中，则着重从信息源角度出发，探究媒介信任（信息源）对 HPV 病毒威胁评估和应对评估（认知中介）的影响。[①]

本章小结

优秀的选题是优秀学位论文的重要基础。一般而言，新闻传播学研究生学位论文的选题从所属学科方向上来分，可以分为三类：新闻传播理论研究、新闻传播史研究和新闻传播业务研究。其中新闻传播理论的选题主要包括：围绕“新闻/传播是什么”而产生的新闻传播本体理论、围绕“新闻/传播事业是什么”而建构的新闻/传播事业理论、围绕“新闻/传播关系是什么”而建构的新闻/传播关系论。新闻传播史研究以新闻传播事业发生和发展的历史及其规律为核心研究对象，可以研究一个国家、一个地区、一个时代、一个时期新闻传播活动的历史，以及一类报刊、一类报人，乃至具体到某一家报刊、某一个报刊工作者或某一次宣传报道战役的历史。新闻传播业务研究包括了新闻传播业务涉及的诸多核心领域，如采（新闻采访）、写（新闻写作）、编（新闻编辑）、评（新闻评论）、摄（新闻摄影）、管（媒体经营与管理）等，重点研究新闻生产各个环节中的实际操作方法与技巧。此外，学位论文撰写者也可以依据“5W”模式，从控制研究、内容分析、媒介分析、受众分析和效果分析五大核心领域中来选择合适的研究主题。

在选题来源方面，学位论文撰写者可以从以下三种来源选择题目：导师熟悉的领域或课题、自己感兴趣的领域、自己擅长的领域。三种来源各有所长，学位论文撰写者可根据自身情况进行选择。

在选题原则方面，学位论文撰写者可以遵循适宜性原则、时效性原则、大小适中原则、“新”“稳”平衡原则来挖掘适合自己的选题方向。

① 汤晨瑾. 媒介信任对父母支持未成年人接种的影响研究：基于保护动机理论[D]. 武汉：中南财经政法大学，2022.

第四章　新闻传播学研究生学位论文的资料与数据收集

一篇优秀的新闻传播学研究生学位论文，离不开扎实丰富的资料和真实有效的数据，因此，资料和数据的收集，对于研究生学位论文的撰写者尤为重要。当下，随着信息共享技术的日益进步，材料和数据的收集相较于之前，变得更加便捷、高效。

整体而言，新闻传播学研究生学位论文的撰写过程中所需的主要有纸质和电子资料两种来源。其中，纸质资料包括书籍、报纸、杂志、档案等。电子资料包括各类数据库、媒体的官方网站、客户端及社交媒体平台官方账号等。数据来源包括但不限于以下五类：政府机构的统计数据、非营利性组织的统计数据、媒体调查数据、数据公司提供的数据以及个人调查获取的数据。

第一节　新闻传播学研究生学位论文的资料收集

新闻传播学研究生学位论文的撰写过程中需要大量收集纸质资料和电子资料，以充实和辅证论文的相关研究成果。

一、纸质资料的收集

新闻传播学研究生学位论文的纸质资料主要包括书本、报纸、杂志、档案等。书本、报纸、杂志等纸质资料一方面可以通过各种途径自主购买，另一方面也可以从所在地区的图书馆，以及学校、学院的图书馆中借阅。而档案则需要去档案馆查阅、摘录或复印。

（一）书籍资料的收集

通常而言，新闻传播学研究生学位论文常用到的书籍大致包括新闻学、传播学、广播电视学、广告学、出版学等与新闻传播学直接相关的专业的书籍。另外，文学、历史学、社会学、符号学、人类学、政治学、心理学等其他人文社会科学的书籍也是新闻传播学研究生学位论文写作的重要参考资料。

中图法分类标准将图书分为 5 个部类，下设 22 个大类（见表 4-1）。

表 4-1 中图法图书分类标准①

第一部类	马克思主义、列宁主义、毛泽东思想	A 马克思主义、列宁主义、毛泽东思想
第二部类	哲学	B 哲学
第三部类	社会科学	C 社会科学总论 D 政治、法律 E 军事 F 经济 G 文化、科学、教育、体育 H 语言、文字 I 文学 J 艺术 K 历史、地理
第四部类	自然科学	N 自然科学总论 O 数理科学和化学 P 天文学、地球科学 Q 生物科学 R 医药、卫生 S 农业科学 T 工业技术 U 交通运输 V 航空、航天 X 环境科学
第五部类	综合性图书	Z 综合性图书

根据这一分类标准，新闻传播类书籍属于“G 文化、科学、教育、体育”类别中的“G 2 信息与知识传播”类别。具体分类见图 4-1 和图 4-2。学位论文撰写者可以在图书馆依据该分类标准查询相关书目。

G 文化、科学、教育、体育

0 文化理论
1 世界各国文化与文化事业
2 信息与知识传播
3 科学、科学研究
4 教育
8 体育

图 4-1 中图法分类图书分类之文化、科学、教育、体育类别②

① 国家图书馆《中国图书馆分类法》编辑委员会. 中国图书馆分类法 · 简本[M]. 5 版. 北京：国家图书馆出版社，2012：1-2.

② 国家图书馆《中国图书馆分类法》编辑委员会. 中国图书馆分类法 · 简本[M]. 5 版. 北京：国家图书馆出版社，2012：53.

G2 信息与知识传播

G20 信息与传播理论

总论人此，信息理论、信息技术、信息管理、传播理论(传播媒介、大众传播、组织传播、传播学与其他学科的关系)等人此。

专论人有关各类，例：新闻学人G210；情报学人G250；信息数学理论人O235；通信信息人TN911；自动控制信息人TP14；语言传播人H0。

参见P208、TP391。

{G201} 信息理论

{停用：5版改人G20}

{G202} 信息处理技术

{停用：5版改人G20}

{G203} 信息资源及其管理

{停用：5版改人G250}

{G206} 传播理论

{停用：5版改人G20}

G209 传播事业

总论人此。
专论人有关各类。

G21 新闻事业

综合论述报刊、广播、电视、网络等多种新闻媒体的著作人此。

{4版类名：新闻学、新闻事业}

G210 新闻学

新闻传播学，比较新闻学，新闻工作自动化、网络化，新闻学史等人此。

G211 组织和管理

G212 新闻采访和报道

新闻调查研究、新闻通讯、报道、特写、评论等的写作方法人此。

G213 编辑工作

编辑技术，如标题、插图以及副刊、专刊的编辑工作等人此。

G214 新闻工作者

总论人此，编辑、记者、通讯员人此。

广播、电视工作者人G224。

G215 报纸的出版发行

报纸推广、自办发行等人此。

邮政发行人F618。

著作权、版权法规人D9有关类目，著作权、版权贸易人F746。

G230 出版工作理论

出版权学、出版工作自动化人此。

G231 组织和管理

G232 编辑工作

选题、组稿、编辑、校对人此。

装帧设计人TS88。

[G234] 印刷工作

宜人TS8。

G235 发行工作

书店工作、兼论书刊发行工作人此。

报刊的邮政发行人F618；报纸的发行工作人G215。

G236 书刊宣传、评介

出版发行工作中书刊宣传、评论、展销等人此。

参见G252、G256。

G237 各类型出版物编辑出版

工具书、期刊、电子出版物等编辑出版人此。

方志编纂人K29；辞典编纂人H06、H16等有关各类。

G238 出版工作者

G239 世界各国出版事业

G239.1 世界

G239.2 中国

方针政策、出版事业组织与活动、出版社、杂志社、发行机构(各类型书店)、对外出版工作交流、地方出版事业、出版事业史、书刊史、期刊史人此。

各史人G256。

G239.3/.7 各国

依世界地区表分。

G24 群众文化事业

总论文化馆(站)、文化馆、俱乐部等群众文化事业的著作人此。

G240 群众文化工作理论

G241 工作方法

宣传辅导工作，群众文艺活动、娱乐活动、报告会、座谈会、故事会人此。

G216 各类型报纸

论述报纸的性质、任务、组织方法，办报经验等的著作人此。

[G218] 新闻摄影

宜人J41。

G219 世界各国新闻事业

G219.1 世界

G219.2 中国

方针政策、新闻事业组织、各种通讯址、各类型报纸、对外新闻工作交流、地方新闻事业、新闻事业史、报刊史人此。

G219.3/7 各国

依世界地区表分。

G22 广播、电视事业

总论广播、电视工作组织与管理的著作人此。

专论电影电视艺术的著作人J9；广播、电视技术人TN93/94有关各类。

G220 广播、电视工作理论

广播、电视新闻工作理论；广播、电视工作自动化人此。

G221 组织和管理

G222 编辑、写作和播送业务

广播员、电视播音员、电视节目主持人等的业务，采访，广播语言，节目制作人此。

G223 广播、电视宣传和群众工作

听众与观众调查人此。

G224 广播、电视工作者

干部教育培训等人此。

G229 世界各国广播、电视事业

G229.1 世界

G229.2 中国

方针政策，广播、电视事业组织，广播电台、电视台，对外广播、电视工作交流，地方广播、电视事业，广播、电视事业史人此。

G119.3/7 各国

依世界地区表分。

G23 出版事业

书刊出版人此。

G242 文化馆(站)、文化宫

论述组织管理、工作经验的著作人此。

G243 俱乐部

G244 青年宫、少年宫、少年之家

少年儿童活动中心人此。

G245 展览馆、展览会

综合性展览会、展览馆人此。

专业展览会、展览馆人有关各类。

G246 公园

有关公园的组织管理以及文化活动等著作人此。

造园学、园林学人TU986。

G247 群众文化活动

业余美术小组、业余歌唱队、文艺宣传队人此。

G248 游乐场、歌舞厅

网吧行政管理人此。

G249 世界各国群众文化事业

G249.1 世界

G249.2 中国

方针政策、群众文化事业组织、对外群众文化工作交流、地方群众文化事业、群众文化事业史人此。

G249.3/.7 全国

见G249.2注。

依世界地区表分。

G25 图书馆事业、信息事业

(4版类名：图书馆学、图书馆事业；情报学及情报工作，4版人G35)

G250 图书馆学、情报学

总论文献信息学、信息资料管理理论等人此。论述图书馆情报一体化的著作人此。

专论人有关各类。

参见G270。

〈4版类名：图书馆学〉

G250.1 图书馆学

理论图书馆学、比较图书馆学、图书馆学研究方法、图书馆学与其他学科的关系等人此。

G250.2 情报学

图 4-2 中图法分类图书分类之文化、科学、教育、体育类别①

① 国家图书馆《中国图书馆分类法》编辑委员会. 中国图书馆分类法·简本[M]. 5 版. 北京：国家图书馆出版社，2012：53.

(二)报刊资料的收集

一般而言,大部分大型图书馆都设有报刊阅览室,收录有国内外重要的报刊。以中南财经政法大学图书馆为例,该校南湖校区图书馆共设有四个报刊阅览室:①现刊阅览室,其中收录了《人民日报》《参考消息》《光明日报》《中国教育报》《经济日报》《法治日报》等报纸,《瞭望》《求是》《新民周刊》《南方人物周刊》《Vista 看天下》等新闻类期刊,《北京大学学报》《清华大学学报》《中国人民大学学报》等高等院校学报,以及《新闻与传播研究》《新闻大学》《国际新闻界》《现代传播(中国传媒大学学报)》《新闻界》《新闻记者》等新闻传播类专业学术期刊;②过刊阅览室,也即上述报刊的过往版本合订本;③外文书刊阅览室,包括外文原版图书、报纸、期刊等文献;④特设港台书刊阅览室,收录有A—Z 的港台地区出版的图书、合订本期刊及报纸(如《中央日报》《联合早报》等)。

新闻传播类研究生在学位论文撰写过程中,可以通过各级图书馆的报刊阅览室查阅各类报刊资料,以用于学位论文的写作。

(三)档案资料的收集

档案,本质上是一种社会文化产物,是作为记录和传递知识、思想的文化遗产。新闻传播学博士研究生或学术型硕士研究生在学位论文撰写过程中有可能会用到档案资料,这就需要去档案馆查阅相关档案资料。

截至 2020 年底,我国共有各级各类档案馆 4233 个。其中,综合档案馆 3341 个,专门档案馆 260 个,部门档案馆 133 个,企业档案馆 177 个,省、部属事业单位档案馆 322 个。此外,各级档案主管部门 2949 个。其中,中央级 1 个,省(区、市)级 30 个,副省级 16 个,地(市、州、盟)级 401 个,县(区、旗、市)级 2501 个。[①] 截至 2020 年底,全国各级综合档案馆馆藏档案 91789.8 万卷、件,照片档案 2401.0 万张,录音磁带、录像磁带、影片档案 112.1 万盘,馆藏电子档案 1387.5TB(其中,数码照片 390.2TB,数字录音、数字录像 523.5TB);馆藏档案数字化成果 19588.5TB,纸质馆藏资料 4039.4 万册。[②]

新闻传播学研究生在学位论文撰写过程中,可以去往全国各级档案馆查阅相关资料。需要注意的是,档案资料的查询和使用有着严格的规则和要求,档案查阅者在前往之前需要详细查阅该档案馆制定的各类使用须知。以中国第二历史档案馆的“利用者须知”[③]为例。

> 一、查档者办理查档登记手续时,必须同时出具本人所属单位正规介绍信和个人合法证件(指身份证、军官证、工作证、护照等)。
>
> 二、查档者随身物品须放在本馆提供的储物箱内,禁止将包箱、手袋、书籍、本簿、文件夹、纸张和笔记本电脑、手机带入阅档场所。查档者自备的饮料、水杯、雨具等物品请集中放置在指定地点。
>
> 三、查档者进入阅档场所,请按照本馆工作人员指定的座位入座阅档。

---

① 中华人民共和国国家档案局.2020 年度全国档案主管部门和档案馆基本情况摘要(一)[EB/OL].(2021-08-06).https://www.saac.gov.cn/daj/zhdt/202108/a9369544b1a6412994774ea0e5866881.shtml.

② 中华人民共和国国家档案局.2020 年度全国档案主管部门和档案馆基本情况摘要(二)[EB/OL].(2021-08-06).https://www.saac.gov.cn/daj/zhdt/202108/6262a796fdc3487d93bfa7005acfe2ae.shtml.

③ 中国第二历史档案馆.利用者须知[EB/OL].http://www.shac.net.cn/cdzn/lyzxz/.

四、本馆现阶段向查档者提供的主要载体形式为缩微胶卷、电子文档和部分档案专题汇编出版物。

五、查档者在阅档时，请保持阅档场所安静，请爱护档案阅读设备和档案复制品。

六、查档者在阅档时，不允许用电脑、手机等拍摄档案。需要复制档案时请与接待人员联系，按规定办理，违反者取消查档资格。

七、查档者摘抄档案，须一律使用本馆提供的专用摘抄纸。

八、查档者离开阅档场所时，须主动将自己的摘抄纸交由本馆工作人员审核、检查。

九、查档者在本馆摘抄、复制的档案，仅限于供研究参考或在著述中引用，不得擅自以任何形式全文公布、转让或出版。

本馆对外开放时间：每周一至周五（上午 8:00—11:30，中午 12:30—2:00，下午2:00—4:30），法定节假日不开放。

结合以上须知，学位论文撰写者如果需要到档案馆查阅档案资料，需要格外注意以下几点。

①提前了解所要前去的档案馆的馆藏情况及档案对外开放情况，确保能够被查阅到所需档案资料。

②一般情况下，档案查阅人需提前开具本人所属单位正规介绍信，并携带有效身份证件。

③不允许使用电子设备拍摄档案。

④摘抄档案一般需要使用档案馆提供的专用摘抄纸，且摘抄内容须接受管理人员的审查。

⑤所查档案仅用于学术研究，不得擅自出版发行。

二、电子资料的收集

新闻传播学研究生在学位论文的撰写过程中可以使用的电子资料大致包括：期刊类电子数据库、学位论文电子数据库、电子图书数据库、电子报刊类数据库，以及各类媒体的官方网站、客户端及社交媒体平台官方账号等电子资源。

（一）期刊类电子数据库

电子期刊是新闻传播学研究生学位论文撰写过程中最常用到的一类资源。目前新闻传播学研究生较多使用的电子期刊数据库大致包括以下几种。

1. 中国知网学术期刊全文数据库

中国知网文献数据总库，包括学术期刊全文数据库、中国博士学位论文全文数据库、中国优秀硕士学位论文全文数据库、中国重要报纸全文数据库、中国重要会议论文全文数据库、商务印书馆-精品工具书数据库、中国年鉴网络出版总库和中国专利数据库等子数据库。其中，《中国学术期刊（网络版）》作为中国知网的一部分，是第一部以全文数据库形式大规模集成出版中文学术期刊文献的电子期刊，它是目前全球最大的连续动态更新的中文学术期刊全文数据库，是国家学术期刊最具权威性的文献检索工具和网络出版平台，基本完整收录了我国的学术期刊，覆盖所有学科的内容。在学位论文撰写过程中，中国知网学术期刊全文数据库是检索和查阅期刊论文的重要数据来源。

一般而言，新闻传播学业内公认的权威期刊主要有四本：中国社会科学院主办的《新闻与传播研究》，中国人民大学主办的《国际新闻界》，复旦大学主办的《新闻大学》，中国传媒大学主办的《现代传播(中国传媒大学学报)》。除此之外，上海报业集团和上海社会科学院主办的《新闻记者》，四川日报报业集团主办的《新闻界》，新疆日报社、深圳报业集团、新疆新闻工作者协会、新疆大学新闻与传播学院联合主办的《当代传播》等期刊也是新闻传播学领域内的重要学术期刊。学位论文撰写过程中参考的论文资料应尽量以学科领域内的核心期刊为主要文献来源(见表4-2)。

表4-2 新闻传播学专业重要学术期刊(按期刊名称首字母排序)

序号	期刊名称
1	编辑学报
2	编辑之友
3	出版发行研究
4	出版科学
5	当代传播
6	国际新闻界
7	科技与出版
8	现代出版
9	现代传播(中国传媒大学学报)
10	新闻大学
11	新闻记者
12	新闻界
13	新闻与传播研究
14	新闻与写作
15	中国编辑
16	中国出版
17	中国科技期刊研究

2. 万方数据资源系统中的期刊论文数据库

万方数据资源系统是包括科研成果、法律法规、中外标准、学位论文、会议论文、期刊论文、专利文献、科技报告、商务信息为一体的综合信息系统，约70个数据库，涉及自然科学、人文科学、社会科学、工程技术等各个学科领域。万方数据资源系统中大多数数据库支持跨库检索，部分数据库可提供全文。

3. 人大"复印报刊资料"数据库

人大"复印报刊资料"数据库是由北京博利群电子信息有限责任公司和中国人民大学书报资料中心联合开发制作的大型图文数据库，其以涵盖面广、信息量大、分类科学、筛选严谨、结构合理完备等特点，成为国内权威的社会科学、人文科学专题文献资料库。

与中国知网和万方的期刊数据库不同的是，人大"复印报刊资料"数据库更加侧重于收录人文社会科学学术成果，且专题性更加明显。

以上三个期刊数据库对于大多数新闻传播学研究生学位论文写作过程中所需的中文期刊类文献检索而言，基本是足够的。

4. Web of Science

Web of Science 是获取全球学术信息的数据库平台，共包含三大引文索引：科学引文索引（science citation index-expanded，简称 SCIE）、社会科学引文索引（social science citation index，简称 SSCI）、艺术与人文科学引文索引（arts&humanities citation index，简称 A&HCI）。其中，新闻传播学研究生学位论文写作中较常使用的是社会科学引文索引，即 SSCI，它内容覆盖了政治、经济、法律、教育、心理、地理、历史等 50 多个研究领域的 3000 多种优秀期刊。

除了文献检索功能外，Web of Science 还有一个重要的辅助功能，它可以利用其独特的引文索引功能，帮助科研人员轻松了解一个研究课题的发展脉络，并画出科学图谱，找到世界范围内跟自己研究领域相关的、前沿的科技文献，从而激发科研人员的研究思想，获取更多的研究思路。此外，Web of Science 提供的《期刊引用报告》（journal citation reports，简称 JCR）功能，也可以帮助学位论文撰写者清楚所要检索并参照的期刊具有怎样的影响力。它可以对包括科学引文索引收录的 3800 种核心期刊（光盘版）在内的 8000 多种期刊（网络版）之间的引用和被引用数据进行统计、运算，并针对每种期刊定义的影响因子（impact factor）等指数加以报道。

5. EBSCOhost 期刊全文数据库旗下的 ASC 综合学科学术文献大全

EBSCOhost 期刊全文数据库中包括两个重要的学术文献数据库，分别是综合学科学术文献大全（Academic Search Complete，简称 ASC）和商管财经学术文献大全（Business Source Complete，简称 BSC），其中前者在新闻传播学科领域应用更为广泛。ASC 数据库收录年限始于 1887 年，主题涉及多元化的学术研究领域，包括生物科学、工程技术、心理学、教育学、法律、医学、语言学、文学、信息科技、通信传播、公共管理、历史学、计算机科学、军事学、文化学、健康卫生医疗、宗教与神学、艺术学、视觉传达、表演、哲学等。此外，截至 2020 年 1 月，ASC 数据库收录了 17133 种期刊的索摘，提供 8986 种全文期刊（其中 7757 种为同行评审[peer-reviewed]），还包括 797 种非期刊类全文出版物（如书籍、报告及会议论文等）。

6. Taylor&Francis 科技期刊数据库

Taylor&Francis 是成立于 1898 年的英国著名出版集团，拥有 200 多年丰富的出版经验，近些年来在此雄厚基础上迅速发展，已成为国际领先的学术出版集团。Taylor&Francis 科技期刊数据库旗下的 Taylor&Francis 人文社会科学期刊数据库（Taylor&Francis SSH）提供超过 1000 种经专家评审的高质量期刊，包括来自社会科学与人文科学先驱的 Routledge 出版社以及声誉卓越的 Psychology 出版社的期刊。Taylor&Francis SSH 数据库收录的学术资源主要包括 14 个学术研究领域：人类学、考古学与文化遗产；人文与艺术；商业管理与经济；犯罪学与法学；教育学；地理、城市规划与研究；心理健康与社会保健；图书馆与信息科学；媒体、文化与传播学研究；政治学、国际关系与区域研究；心理学；社会学及相关学科；体育、休闲与旅游；策略、防务与安全研究。

7. SAGE期刊全文数据库

SAGE出版公司于1965年创立于美国，与全球数百家专业学术协会合作出版了600余种高品质学术期刊。SAGE出版公司旗下的SAGE期刊全文数据库收录的学术资料广泛涉及人文科学、社会科学、理工科学和医学等领域，包括教育学、心理学、传播学、社会学、政治学和国际关系、经济学与管理学、犯罪学、城市研究与规划、历史学、地理学、环境科学、机械工程、材料科学、生命科学、医学、食品科学、纺织科学、信息科学、统计学等40多个学科。

相较于前文提及的数据库，SAGE期刊全文数据库有一个明显的优势，它旗下的期刊是全文收录且100%为同行评审。而且，SAGE期刊全文数据库可以使用期刊名字检索到一整本刊物，这对于想要以外文期刊为研究对象的研究生而言是非常便捷的。

上文所列出的四种外文期刊文献数据库基本能够满足新闻传播学研究生在学位论文写作过程中对外文期刊文献的检索需要。

(二)学位论文电子数据库

学位论文是不同于期刊论文或书的一种高水平的全文资料，对于研究和跟踪世界最新科学前沿有不可替代的作用，是新闻传播学研究生在撰写学位论文时可以利用的电子文献来源。目前，较为常用的国内外学位论文数据库有中国知网旗下的中国博士、优秀硕士学位论文全文数据库和ProQuest学位论文全文检索平台。

1. 中国博士学位论文全文数据库和中国优秀硕士学位论文全文数据库

中国博士学位论文全文数据库和中国优秀硕士学位论文全文数据库均由中国学术期刊(光盘版)电子杂志与清华同方光盘股份有限公司共同研制，分别收录了来自全网400多家博士培养单位的博士学位论文全文和600多家硕士培养单位的优秀硕士学位论文全文，这两个数据库具有覆盖学科广、文献源大、收录质量高、全文收录、每日更新等特点，是研究生学位论文写作过程中学位论文检索阅读的重要数据来源。

2. ProQuest学位论文全文数据库

ProQuest学位论文全文数据库(PQDT)是美国ProQuest公司旗下的博硕士论文数据库。该公司是美国国会图书馆指定的收藏全美博硕士学术论文的分馆，也是加拿大国家图书馆指定的收藏全加拿大博硕士论文的机构。用户可以通过此数据库访问超过90%的北美地区每年获得通过的硕博士论文。除此之外，该数据库还收录了来自100多个国家顶尖高校的数百万博硕士学位论文。

一般而言，博士学位论文和硕士学位论文除了为研究生学位论文写作者提供必要的资料参考之外，还能够提供学位论文的选题思路、结构框架、研究方法、文献综述等诸多内容的参考。在此，值得提醒学位论文写作者注意的问题是，不论期刊论文还是学位论文，在引用资料时应注意尽量选取那些权威度更高的期刊、学者及学位授予点学生的论文作为参考，而不是随便检索到某个文献就拿来引用。因为，参考资料的质量参差不齐，错误的参考资料不仅无法给论文写作提供必要的帮助，反而会产生负面的影响。

(三)电子图书数据库

电子图书数据库，是新闻传播学研究生学位论文写作过程中可以用于检索资料的又另一重要来源。目前，较为常用的中外文电子图书数据库包括但不限于以下几种：超星汇雅电子图书数据库、百链云图书馆、中国共产党思想理论资源数据库、金图国际外文数字图书馆、JSTOR电子书等。

1.超星汇雅电子图书数据库

超星汇雅电子图书数据库是由北京超星公司推出的新一代电子图书数据库的管理和使用服务平台，是目前全球最大的中文电子图书数据库，它提供了便捷的快速检索和高级检索方式，读者可以通过检索或导航功能找到所需图书。数据库共有100多万电子图书，涵盖了中图分类法22个大类，为高校、科研机构的教学和科研人员提供了大量宝贵的参考资料，同时也是大众学习和阅读的好助手。该数据库既能够提供电子书的在线阅读，也可以通过下载并安装超星阅览器将所需电子书下载到本地。

2.百链云图书馆

百链云图书馆，严格意义上来说不属于文献检索系统，而是文献传递系统。它的文献传递系统通过与600多家图书馆联机公共书目查询系统(OPAC)、电子书系统、中文期刊、外文期刊、外文数据库系统集成，接受文献使用者的文献传递申请，并为其提供文献传递服务。当我们在所属图书馆能够提供的数据平台中无法获取所需文献，或者无法获取文献全文的情况下，可以借助百链云图书馆从其他数据库系统中获取文献。

3.中国共产党思想理论资源数据库

中国共产党思想理论资源数据库是一个专项文献数据库，它收录的内容覆盖我国出版的所有马列经典著作、党和国家主要领导人所有著作、公开发表的所有中央文件文献、国家法律法规。还收入了大量研究性著作、党史和国际共运史著作、重要人物资料，以及革命战争年代出版的部分重要图书等。另有两个扩展库：历史知识库和哲学知识库。

该数据库还具备以下几项功能。首先，金典语义。为方便用户准确使用领导人著作的内容，人民出版社聘请了中央党校、中国社会科学院、清华大学等权威机构，对领导人著作中语段进行了标注，用户能够按语句所表达的意思查找领导人著作中的知识点。其次，金典比对。将自己文章中的引文复制到数据库，可以直接查询出引文是否正确，并显示准确的出处，大大简化了引文核对工作，保障了引文使用的准确性。最后，金典找句。可以根据自己记忆中的几个关键词，快速查找出图书中的句子或段落。由于本数据库系统地收入了政治理论类图书，对理论工作者来说，在该数据库中查找自己所需要的内容时不会被其他著作内容所干扰，同时系统提供的相似度、相关词等功能，还能帮助用户快速找到自己所需要的内容。

之所以推荐这一数据库，是因为新闻传播学与政治时事的关联度较高，新闻传播学研究生在学位论文的写作过程中，有很大的概率引用马列经典著作、中央文件文献、党史等材料内容。

4.金图国际外文数字图书馆

金图国际外文数字图书馆是由北京金图国际公司开创，联合美国出版在线、麦科索斯两家国外的数据商建立的数据库。该数据库引进原版的外文电子图书近9万种，内容涉及法学、工学、管理学、经济学、军事学、理学、历史学、农学、文学、医学、哲学等学科领域。该数据库功能设计合理，信息更新及时，全面贴合用户需求。

5. JSTOR 电子书

JSTOR 是一个对往期期刊进行数字化的非营利性机构，于 1995 年成立。2012 年，JSTOR 推出电子书项目 Books at JSTOR，将电子书与电子期刊在同一平台上进行整合并提供服务。JSTOR 协同合作的出版商、图书馆以及学者，发展出可在线存取的电子书。JSTOR 平台目前拥有超过 200 万篇书评和大量书目数据，且图书、期刊文献和评论之间可实现交叉查询和联结，促使在线学术研究更加快速、简单且高效率。

（四）电子报刊类数据库

新闻传播学的学科属性决定了新闻传播学研究生在学位论文写作过程中，除了会使用电子期刊、学位论文、电子图书等资源外，还有可能使用到电子报刊类资源。目前，较为常用的中文电子报刊类数据库包括但不限于以下两种：中国重要报纸全文数据库、全国报刊索引数据库（篇名库）。

1. 中国重要报纸全文数据库

中国重要报纸全文数据库是我国第一个以重要报纸刊载的学术性、资料性文献为收录对象的连续动态更新的报纸全文数据库。数据库收录并持续更新 2000 年以来出版的各级重要党报、行业报及综合类报纸 500 多种。其中，中央级报纸 100 多种，主要有《人民日报》《光明日报》《法治日报》《科技日报》《新华每日电讯》等。数据库还包括面向全国公开发行的具有一定影响力的行业性报纸资源，如《中国信息报》《农民日报》《中国妇女报》《中国交通报》等，以及各省、自治区、直辖市及其他地级市党报 400 多种，如《北京日报》《天津日报》《湖北日报》《长江日报》等。中国重要报纸全文数据库为新闻传播学研究生写作学位论文，尤其是以报纸为核心研究对象的写作者提供大量的一手报刊资料。

2. 全国报刊索引数据库（篇名库）

全国报刊索引数据库（篇名库）系国家文化部立项、上海图书馆承建的重大科技项目。该数据库囊括了国内出版发行的各类报刊（包括港澳台地区）中的精华篇目信息，并由专业人员根据《中国图书馆分类法》编辑而成。数据库格式严格按照国家有关标准，其著录字段包括顺序号、分类号、题名、著者、著者单位、报刊名、年卷期、所在页码、主题词、摘要等十余项，年更新数据 50 万条左右。该数据库具有学科齐全、种类繁多、信息海量、检索方便、界面友好等特点。

此外，值得提醒大家的是，全国报刊索引数据库是查找晚清时期、民国时期和新中国成立初期报刊资源的重要工具。目前该数据库数据已回溯至 1833 年，收录数据量超过 5000 万条，是目前国内收录中文报刊资源时间跨度最大，揭示报刊数量最多（15000 余种）的报刊数据库产品。若新闻传播学研究生学位论文的研究对象是晚清时期、民国时期或新中国成立初期的报刊、报馆或报人，可以从该数据库中检索到有效信息。

（五）各类媒体的官方网站、客户端及社交媒体平台官方账号

各类媒体的官方网站、客户端及社交媒体平台官方账号等发布的信息也可以为新闻传播学研究生提供丰富的参考资料，如《人民日报》客户端，人民网，“人民网＋”客户端，《人民日报》官方微信、官方微博；新华网，新华社客户端，新华社官方微信、官方微

博;《中国青年报》,中国青年网;还有新浪、网易、腾讯、爱奇艺、优酷等新闻门户网站和视频网站。

综上所述,新闻传播学研究生可以通过诸多途径对学位论文写作过程中需要的各类资料在线下或线上进行借阅或检索。

第二节 新闻传播学研究生学位论文的数据收集

电子信息时代的当下,用于学术研究的数据在获取途径上是多元的,在获取方式上也是极为便利的。一般而言,新闻传播学研究生学位论文的数据来源可以包括但不限于以下五类:政府机构的统计数据、非营利性组织的统计数据、媒体数据、商业机构的统计数据以及个人调查获取的数据。

一、政府机构的统计数据

政府机构提供的统计数据,最大的优点便在于其权威性和全面性,因此,在学位论文写作中使用这一类数据,能充分体现出学术写作的严谨性、科学性和专业性。

目前,我国能够提供权威统计数据的机构当属中华人民共和国国家统计局,其官方网站为 https://www.stats.gov.cn。该网站定期发布官方统计数据,如《中国统计年鉴》、普查数据(人口普查、经济普查、农业普查、R&D 资源清查、工业普查、三产普查、基本单位普查)、年度数据、季度数据、月度数据等。

此外,中华人民共和国外交部(https://www.mfa.gov.cn)、中华人民共和国国防部(https://www.mod.gov.cn)、中华人民共和国国家发展和改革委员会(https://www.ndrc.gov.cn)、中华人民共和国教育部(http://www.moe.gov.cn)、中华人民共和国工业和信息化部(https://www.miit.gov.cn)、中华人民共和国商务部(https://www.mofcom.gov.cn)、中华人民共和国国家卫生健康委员会(http://www.nhc.gov.cn)等政府机构官方网站,也是学位论文写作过程中最为权威的数据来源。

最后,联合国(https://www.un.org/zh)及其下属机构联合国经济和社会事务部(https://www.un.org/zh/desa)、联合国统计司(https://unstats.un.org/home)、联合国教科文组织(https://www.unesco.org/en)、世界贸易组织(https://www.wto.org)、世界卫生组织(https://www.who.int)等国际组织机构,也是学位论文写作过程中重要的国际数据来源。

二、非营利性组织的统计数据

非营利性组织是一种不以市场化营利目的为宗旨的组织,它的目标通常是支持或处理个人关心或公众关心的议题或事件。非营利组织所涉及的领域非常广,包括艺术、慈善、教育、政治、宗教、学术、环保等。非营利组织的运作并不是为了产生利益,这一点通常被视为这类组织的主要特性。

目前,较有代表性的国际性非营利性组织包括红十字国际委员会、世界环境保护组织、世界自然基金会、绿色和平组织、国际妇女联盟等。中国的非营利性组织包括中国消费者协会、奥林匹克运动会组织委员会、中国残疾人协会、中国作家协会、中华慈善总会、中国红十字会等。

以中国消费者协会为例。中国消费者协会，简称“消协”，是依法成立的对商品和服务进行社会监督的保护消费者合法权益的社会组织。在中国消费者协会官方网站（https://www.cca.org.cn）上，会定期发布各类消费调查数据，比如《2021年100个城市消费者满意度测评报告》《家用净水机科学消费指引》《2020年60个农村集贸市场“再体验”调查报告》《20个汽车品牌4S店服务消费者满意度测评工作报告》《直播电商购物消费者满意度在线调查报告》《国内部分住宅小区物业服务调查体验报告》《青少年近视现状与网游消费体验报告》等。

三、媒体数据

对于新闻传播学研究生而言，在学位论文写作过程中，除了上文提到的政府机构的统计数据和非营利性组织的统计数据之外，还有一种可以免费（有些需要付费）获取的数据——媒体数据。

一般而言，媒体数据大致可以分为几类。

（一）对一手数据进行再处理后产生的数据

该类数据是媒体对政府机构的统计数据或非营利性组织的统计数据进行筛选、分析、解读，并在此基础上进行的数据预测，甚至某些数据是由官方统计部门统计完成，但未向大众全部公开，而是将部分数据提供给媒体，通过媒体渠道加以整合后发布，这就使得媒体提供部分数据相较于一手数据更加有针对性，即数据是针对特定问题提供的，所以，对于研究生学位论文撰写者而言，这类数据更为精炼。但是，这类数据也存在一定的问题：媒体为了特定主题的呈现，对数据进行了一定程度的筛选和加工，若学位论文写作者在引用数据之前，未对其加以检验，便有可能造成数据的误用和失实。因此，学术论文撰写者在使用这类数据时，应尽量找到一手数据资源进行认真比对与核验，确认无误后，再加以引用。

（二）媒体的调查或统计数据

除了引用政府机构和非营利性组织的统计数据，媒体的内容生产者如新闻记者，还需要对特定新闻事件进行调查或统计，以获取相应的数据，并应用此数据撰写新闻报道。这类数据对于新闻传播学研究生的学位论文撰写也有非常重要的使用价值。

自己进行调查或统计数据的媒体中，比较有代表性的如财新网。财新网由著名媒体人胡舒立所领导的财新传媒创办，2010年1月11日正式上线。经过十余年的融合发展，财新网已建立起以“新闻＋数据”为两翼的业务集群，全面覆盖中文媒体、英文媒体、高端金融数据等多层次的产品，为受众提供准确、全面、深入的财经新闻和资讯服务。

值得注意的是，不是所有媒体自己调查的数据都可以用于学位论文，学位论文撰写者在使用这类数据时，需要对其进行认真核查，以确保数据的真实性和准确性。

(三)媒体运营产生的内部数据

媒体作为一个运营单位,其生产运营所产生的内部数据对于新闻传播学研究生学位论文的写作也是非常有价值的。比如,从受众接收信息的角度讲,媒体运营产生的内容部数据包括报纸的发行量、电视的收视率、广播的收听率,网页的浏览量,公众号文章的阅读量、点赞量、评论量、转发量及粉丝量等;从媒体内部结构而言,媒体运营产生的内部数据包括投入产出的资金状况,工作人员的性别、年龄、专业背景、职业素养、工作年限、工作时长、职业流动等;从媒体的内容生产层面,媒体运营产生的内部数据包括内容生产的流程、效率和频率,内容生产方式的变革,内容传播方式的变革等。

四、商业机构的统计数据

新闻传播学研究生在学位论文的写作过程中还可以从商业数据统计机构中获取或购买相关数据。比如清博智能作为全域覆盖的新媒体大数据平台,拥有清博舆情、清博指数等核心产品。其中,清博舆情以境内外全网数据分析、智能语义分析、危机传播管理为技术支持,提供实时舆情分析、阶段性舆情研判、专题性舆情分析、定制化舆情会商等服务,但是对于新闻传播学研究生的学位论文写作而言,热点事件追踪、热点事件榜单等免费的基础数据的意义更大。清博指数对新闻传播学研究生学位论文写作中提供数据支持则主要体现在新媒体指数数据上,新媒体指数主要包括“微信指数”“头条指数”“快手指数”“抖音指数”“B站指数”“小红书指数”“视频号指数”等。

当然,新闻传播学研究生在使用此类数据之前,需要提前做好经费预算。

五、个人调查获取的数据

最后,新闻传播学研究生在学位论文写作过程中,还需要个人通过问卷调查、访谈、实验等方法获取更直接、更有效的一手数据。

(一)通过问卷调查获得数据

问卷调查法是新闻传播学研究生学位论文写作中常见的研究方法,也是学位论文撰写者获得一手研究数据的重要方法。在使用问卷调查法的过程中,研究者以书面或者电子文档的形式编制一系列与研究主题和目的相关的问题,让被调查者进行回答,随后对问卷进行回收,对问题答案进行整理、数据录入和分析,最终获取解决研究问题所需的信息。

案例一:以新闻传播学硕士学位论文《肯尼亚大学生的媒介接触和中国国家形象认知——基于认知心理学视角》为例。作者以肯尼亚内罗毕的大学生作为核心调查对象,通过问卷调查法获得了被调查者的人口统计学数据(如性别、大学类型、学历水平、宗教信仰等)、媒体使用与选择数据(最常接触媒体种类、日常偏好使用的媒体属性、日常偏好消费的媒介内容)、接触中国媒体的数据(受众接触中国媒体的现状、目的和评价)、中国形象认知数据(受众对中国的政治、外交经济、文明、生态层面形象的认知)等相关数据，为论文的进一步数据分析奠定了量化统计的数据基础。①

案例二：以新闻传播学硕士学位论文《受众对“主流宣传”的态度——对武汉市2719位居民的调查分析》为例。作者以武汉市7个主城区42个社区的2719位居民作为核心调查对象，通过问卷调查法调查了被调查者的性别、年龄等自然特征，社会身份、政治身份、受教育程度、收入等社会特征，受众对“主流宣传”的认知和行为倾向，受众媒介接触的时间特征、频率特征，以及受众对媒体表达质量与表达方式的评价等方面的数据，并以此为基础分析了受众特征对“主流宣传”的影响，并探索了受众对“主流宣传”的态度要素之间的关联性。②

（二）通过访谈获得数据

新闻传播学研究生学位论文写作过程中获取数据的常见方法还有访谈法。访谈法又分为结构性访谈法、非结构性访谈法、半结构性访谈法等。具体内容可参见第五章定性研究法的相关内容，此处不再赘述。相较于问卷调查法，访谈法可以对被调查对象就相关问题展开追问式的交流，从而更加深入、准确地了解被调查对象对特定问题的真实想法，使学术研究更加严谨、准确。

案例：新闻传播学硕士学位论文《成人儿童化行为背后的意义生产——以对小猪佩奇的消费为例》一文综合使用了文本分析法、深度访谈法、参与观察法三种研究方法。作者将访谈对象界定为18～30岁这一阶段的成年人，尽量涵盖控制访谈对象的职业、年龄、地区和学术背景。从第1位访谈者开始，到理论饱和时结束，共对18位受访者进行访谈。访谈以录音的形式记录，共整理出37102字的访谈内容，内容涉及以下问题：是否接触过小猪佩奇的内容？是否消费过该IP形象？是否参与了对小猪佩奇的消费？是否了解与小猪佩奇相关的词汇，比如“猪猪女孩/精致的猪猪女孩”等？对这些词汇持什么样的态度？等等。为推动严谨假设和研究问题的进一步深入提供了良好的数据支持。③

（三）通过实验获得数据

实验法也能够为学位论文的写作提供有效的研究数据。与其他方法不同的是，实验法获取的数据更多的是为了证明某种因果关系，正如德国学者阿特斯兰德所言，实验法是在有控制的条件下可重复的观察，其中一个或更多的自变量受到控制，以使建立起来的假设（即所确定的因果关系）有可能在不同情景中受到检验。应用实验法时需要同时满足三个条件：①建立自变量和因变量之间因果关系的假设；②自变量和因变量能够与其他变量隔离开，以确保研究者观察到的是自变量和因变量之间的关系，而不是其他无关的关系；③自变量能够被控制。④

案例：新闻传播学硕士学位论文《用户音乐分享行为的驱动因素研究》一文中，作者便使用了实验法，作为问卷调查法的辅助方法，用以探究用户音乐分享行为中情绪及认

---

① 晏慧思．肯尼亚大学生的媒介接触和中国国家形象认知——基于认知心理学视角[D]．武汉：华中科技大学，2019.

② 余婷婷．受众对“主流宣传”的态度——对武汉市2719位居民的调查分析[D]．武汉：华中科技大学，2018.

③ 秦璇：成人儿童化行为背后的意义生产——以对小猪佩奇的消费为例[D]．武汉：华中科技大学，2019.

④ 陈阳．大众传播学研究方法导论[M]．2版．北京：中国人民大学出版社，2015：125.

知驱动因素的作用，以及用户的人格特质对驱动作用的影响。作者利用情境描述模拟实验情况，根据情绪研究的框架构建不同的实验情境，利用想象情绪诱发法以及用音乐刺激被试者的情绪，并利用量表对用户在音乐分享行为中的情绪驱动和认知驱动相关数据进行统计分析，分析不同情绪情境下的音乐分享行为的意愿差异，进而了解情绪驱动对于用户音乐分享行为的作用。①

本章小结

新闻传播学研究生学位论文的撰写所需的资料包括纸质资料和电子资料两种。其中，纸质资料包括书籍、报刊、档案等。电子资料又包括各类数据库，媒体的官方网站、客户端及社交媒体平台官方账号等。而数据来源主要包括政府机构的统计数据、非营利性组织的统计数据、媒体数据、商业机构的统计数据以及个人调查获取的数据。

无论使用哪些资料和数据，学位论文写作者都应对所选用资料和数据进行反复核对、检查，以确保数据的真实性、准确性，同时还须符合学术规范和学术伦理的基本要求。

① 胡雨薇．用户音乐分享行为的驱动因素研究[D]．武汉：武汉大学，2019．

第五章　新闻传播学研究生学位论文的研究方法

当前，新闻传播学的研究范式在整体上有两种取向：一种是实证主义，另一种是批判主义 。其中，实证主义贯彻科学主义的传统，强调经验，排斥形而上学，认为人类社会的定律同自然世界一样可以被验证和检验。它倾向于将客体对象化，在方法上倾向单向度的实证，用自然科学的手段证实或证伪经验，整体遵循科学的经验原则、数量原则和因果原则。从本质上讲，定量研究法和定性研究法都属于实证主义的范畴。而批判主义则偏向用人文科学的方式研究传播现象，注重宏观分析，它往往把传媒置于整个社会肌体之中，理清研究对象所处的错综复杂的社会关系，进而进行价值判断。[①] 批判主义主要包括政治经济研究和文化研究。

一般而言，新闻传播学研究生学位论文的写作中使用定量研究法和定性研究法的机会较多。其中，定量研究法也称量化研究法，是对事物进行量化的测量和分析，以检验研究假设的研究方法。定性研究法也称为质化研究法，它是以研究者本人为研究工具，在自然情境下采用多种资料收集方法对社会现象进行整体性探究，使用归纳法分析资料和形成理论，通过与研究对象互动，对其行为和意义建构获得解释性理解的方法。[②] 二者的详细区别参照表 5-1。本章将重点讲解定量研究法和定性研究法在学位论文写作中的具体使用。

表 5-1　量化研究与质化研究的比较[③]

	量 化 研 究	质 化 研 究
研究目的	证实普遍情况，预测	解释性理解
价值与事实	分离、客观、价值中立	不可分、主观、有价值判断
逻辑推理	演绎	归纳
研究环境	受控的人工环境（暂时的）	自然环境（整体的）
研究焦点	变量、假设	过程、情境、个案、关系
研究过程	线性	非线性
研究设计	事先确定	灵活变化
研究假设	检验事先确定的假设	研究过程中生产出假设
研究内容	测量客观事实（数量、行为）	建构社会真实（语言、意义）

① 何志武.批判研究方法的科学性问题[J].新闻与传播研究，2009(5)：22-27，107-108.

② 陈向明.质的研究方法与社会科学研究[M].北京：教育科学出版社，2000.（转引自陈阳.大众传播学研究方法导论[M].2 版.北京：中国人民大学出版社，2015：50.）

③ 陈阳.大众传播学研究方法导论[M].2 版.北京：中国人民大学出版社，2015：50-51.

续表

	量化研究	质化研究
研究对象	静态的、大量样本（宏观）	动态的、少量个案（微观）
资料的特点	客观的（数字）	主观的（文本）
收集资料	调查法、实验法、内容分析法	田野调查法、访谈法、观察法、文本分析法
抽样方法	概率抽样	非概率抽样
研究者	客观的权威	反思的自我、互动的个体
研究关系	研究者从研究中剥离	研究者与研究对象之间互相影响
研究结论	可推广到总体	独特的
效度与信度	信度是关键，可重复性，标准化	本真性是关键
研究阶段	划分鲜明	界线模糊、交叉

第一节　定量研究法

定量研究法主张用量化手段（数字和统计）来理解传播现象，将人（无论是研究者还是研究对象）从研究环境里剥离出去，追求客观的、可重复的、标准化的研究过程，其研究目的在于找出相关关系和因果关系，因而研究结果追求准确测量和精确预测。不同的研究者使用相同的研究设计和研究方法应该得出相同的结论。[①] 新闻传播学研究生学位论文写作中常用到的定量研究法，主要包括问卷调查法、实验法和内容分析法。

一、问卷调查法

（一）问卷调查法的内涵与分类

问卷调查法是以问卷为工具来收集资料的调查方法，是当前较常用的社会调查方法之一。研究者依照标准化的程序，把问卷分发或邮寄给与研究事项有关的人员，然后将问卷回收、整理，并进行统计分析，从而得出研究结果。其中，问卷的设计、实施和结果处理都是严格按照一定的原则和要求进行的，标准化是保证问卷调查法有效性的重要前提。

一般而言，基于调查对象的不同，问卷调查法可以分为全面调查、典型调查和抽样调查三类。

1. 全面调查

研究对象总体范围内的每一个单位都称为直接的研究对象。全面调查即对所要调查的全体对象一个不漏地进行调查。在课题研究对象总体数量较少时，这种方法比较适用。

① 陈阳.大众传播学研究方法导论[M].2版.北京：中国人民大学出版社，2015：51.

2. 典型调查

根据研究者的需要，且出于方便，可确定一两个典型对象进行较为深入的调查研究，即典型调查。这种方法适用于对有些设计范围小，但具有明显特点或典型意义的事例的调查。

3. 抽样调查

抽样调查就是使用抽样方法选择研究样本，即在全部需要进行调查的对象中，抽取一部分有代表性的对象进行调查，将这些对象的调查结果经过一定的数据处理，进而推论全部调查对象的情况。抽样调查也是在调查研究中应用最多的一种确定调查对象的方法。

（二）问卷调查法的使用步骤

实施问卷调查法的过程一般包括确定研究主题、设计问卷、预调查与问卷修改、对调查对象进行抽样，以及实施调查后进行问卷的回收、审核、整理和分析，并撰写成果等几个步骤。

1. 确定研究主题

研究者首先需要确定研究主题，而且应该明确该研究主题或研究主题所包含的部分内容是否适合采用问卷调查法。

2. 设计问卷

设计问卷是实施问卷调查法非常重要的一步。问卷调查通常是一项规模较大、成本较高的工作，如果问卷本身没有设计好，会导致调查质量不过关，调查失败，浪费人力和物力。问卷设计包括编制合适的问题、确定恰当的问题数量、合理安排问题的顺序等。

3. 预调查与问卷修改

研究者在设计问卷时考虑得再周详、再仔细、再认真，还是有可能存在不足之处。例如问卷的语言规范化问题、题目顺序安排问题、题目内容问题等。为了找出这些问题，避免在正式开始问卷调查后才发现问题，来不及补救，浪费研究者时间和精力，就需要进行预调查。预调查的对象数量是有限的，但必须是与研究问题相关的。通过让预调查对象填写问卷，回收并审核问卷，可以发现问卷中潜藏的问题，并尽快对问卷进行修改。

4. 对调查对象进行抽样

在对问卷进行预调查并修改完善之后，正式实施问卷调查之前，要对调查对象进行抽样。因为很多时候调查对象的总体规模是很庞大的，所以需要抽取适量的调查对象进行问卷调查。

5. 问卷的回收、审核、整理和分析

问卷调查过程中很重要的一项是衡量问卷的回收率。一般来说，问卷的回收率当然越高越好，因为问卷回收率越高意味着问卷调查所获得的信息越多，问卷调查设计的问题更为合理，也更具有代表性。但实际上问卷不可能达到百分之百的回收率。那么，多高的回收率才较为合理的呢？不同学者有不同的见解，一般认为问卷回收率应该保持在 60%及以上,最低的可接受的数值应该不低于 50%。问卷在回收并审核之后,应对问卷进行整理和分析,比如对问卷资料进行编码和量化处理,使用相关软件对数据进行分析处理,如 SPSS、Wordstat 等软件。

6.撰写成果

根据分析结果,撰写论文、研究报告或书籍等研究成果。

(三)问卷调查法的优缺点

1.问卷调查法的优点

(1)问卷调查法的覆盖范围广,经济省时,效率较高。与田野调查工作只能深入某个地区、在长时间内研究一个个案相比,问卷调查法可以在短时间内调查规模可观的研究对象,在覆盖范围和时间上是很有效率的一种方法。

(2)数据标准,便于分析。问卷调查法采用的是标准化问题,每个调查对象所要回答的问题都是一样的,其中大部分问题是封闭式或半封闭式问题,答案被限制在一定的范围内,所以所得数据便于整理,可以进行量化处理及采用标准统计软件进行数据分析。

(3)避免主观因素干扰,减少误差。问卷调查法相对于访谈法,研究者主观参与较少,主要集中在问卷问题的设计和研究对象的抽样两个环节,相对来说可以尽量避免研究者主观因素所造成的偏差,如偏见、情绪等,从而降低数据误差。

(4)匿名性强,有利于收集真实信息。问卷调查特别是自填式问卷调查,匿名性较强,与访谈法、观察法相比,被调查对象有更少的顾虑,可以相对自由地表达自己的观点。

2.问卷调查法的缺点

(1)调查问卷的设计要求比较高,有很强的专业性,如上文所述,对于问题的内容、形式、顺序等都要进行精细考虑,而且对于研究对象的抽样和后期的计算机软件分析两个环节,也要求相应的专业知识。

(2)调查问卷大多是一次性的,而且规模比较大,如果在问卷设计和抽样环节出现问题,常常是无可挽回的。

(3)相对于田野调查工作来说,问卷调查法的深度有限,研究生不易发现社会生活中那些相对隐蔽的、较难察觉到的现象和问题,例如调查人们的同情心,只能采用一些可以设想的指标来进行衡量,但在现实生活中,人们对于同情心的理解可能是千差万别的,甚至是相对立的,只有深入地访谈才能了解人们内心复杂的思想、观念,而问卷调查常常做不到这一点。

(4)问卷调查完全依赖于调查对象的回答,而调查对象的回答是否具有真实性、回答是否准确,无法完全保证,因此,问卷调查对于调查对象的要求比较高。对于文化教育水平比较低的调查对象,常常难以保证问卷调查的质量。

由此可见,结合问卷调查法的优缺点,问卷调查法特别适用于以下情况:大规模的调查;问题深度要求不高的调查;调查对象不好当面回答问题的调查;调查结果需要进行量化处理和分析的调查;调查对象具有一定文化教育程度的调查;调查对象的构成情况比较单一的调查,等等。

(四)案例解析

以新闻传播学硕士学位论文《传播学视野下的植入式广告研究》①为例。

在此篇学位论文中,问卷调查法被运用于论文的第五部分“植入式广告效果研究验证”。研究者从定量研究的角度,运用问卷调查法,通过研究设计,确定并进行量化统计,分析植入式广告对受众的认知、态度和行为上的传播效果。

首先在研究设计上,该部分基于受众的认知、态度与行为层面来研究植入式广告对受众的影响。此次调查研究列出注意、记忆、理解、态度、行动5个具体测评指标,并据此设计了相关问题。

表5-2 《传播学视野下植入式广告研究》调查问卷(简表)②

调查指标	问题设计
注意	·您接触植入式广告的频率是(　　)
记忆	·以下媒体中哪种是您最常见到植入式广告的媒体(　　) ·您看到植入式广告是,记忆最清楚的是(　　) ·您能对出现的植入式广告的记忆程度如何(　　)
理解	·对于植入式广告您能辨认出来的程度是(　　) ·您能(　　)理解媒体中植入的品牌形象 ·您能(　　)理解植入品牌商标或功能的影视剧等媒体内容 ·您能(　　)理解植入式广告中的代言人形象
态度	·您能(　　)接受植入式广告这一广告形式 ·您(　　)信任植入式广告的宣传 ·植入式广告是否对您有宣传效果(　　)
行动	·在您看过植入式广告后,愿意去购买其宣传的品牌吗(　　) ·您愿意向周围的人推荐植入式广告中宣传的品牌吗(　　) ·您愿意继续支持植入式广告吗(　　)

在实施调查即选择调查对象方面,研究者采取了抽样调查的方式。调查对象确定为郑州某大学在校学生群体,最终发放问卷100份,回收问卷85份,其中有效问卷78份,有效率78%。

最后基于所回收的问卷数据,研究者又分别从注意、记忆、理解、态度、行动5个指标层面对调查数据进行了分析。如关于“注意”这一调查指标,研究者设计的问题为“您接触植入式广告的频率是什么”,并给出了5个答案选项:“频繁”“经常”“一般”“偶尔”“从未”。研究者在回收问卷后,统计了各项答案的选择人数及所占比例,并做出了如下阐述:“在调查结果中,受调查的78人中接触植入式广告的人数有75人,接近97%,说明该校大多数大学生都或多或少接触过植入式广告,并且接触率比较高。但其中有25.64%的人只是偶尔接触,说明植入式广告虽然被大部分大学生接触到,但接触频率并不高;另外有3.58%的受调查者从未接触过植入式广告。”③

① 路莉.传播学视野下的植入式广告研究[D].重庆:西南政法大学,2011.
② 路莉.传播学视野下的植入式广告研究[D].重庆:西南政法大学,2011.
③ 路莉.传播学视野下的植入式广告研究[D].重庆:西南政法大学,2011.

二、实验法

(一)实验法的内涵与基本要素

1. 实验法的内涵

学者风笑天对实验的定义是:“一种经过精心的设计,并在高度控制的条件下,通过操纵某些因素,来研究变量之间因果关系的方法”。[①] 实验的基本目标是确定两个变量之间是否具有因果关系。一般来说,在实验过程中,研究者通过引入(或操纵)一个变量(即自变量),以观察和分析它对另一个变量(即因变量)所产生的效果。从方法论上看,实验是定量研究的一种特定类型,它比其他几种社会研究方法更直接地基于实证主义的背景和原理。尤其是在检验变量之间的因果关系方面,实验研究具有最强大的力量。这是因为,判断因果关系的三个条件在实验研究的方式中,可以得到最为充分的满足。

2. 实验法的基本要素

作为一种特定的研究方法,实验法有着三对基本要素:①自变量与因变量;②前测与后测;③实验组与控制组。

(1)自变量与因变量。

一般而言,实验是考察自变量对因变量产生的影响。在实验研究中,自变量又称作实验刺激,因为它是研究者对实验组进行前后测之间通过操纵引入的变量,而因变量则是研究者所测量的变量。自变量是引起其他变量变化的变量,故也称作原因变量。因变量则称作结果变量。换句话说,自变量是原因,因变量是结果。

(2)前测与后测。

在一项实验设计中,通常需要对因变量(或结果变量)进行前后两次相同的测量。第一次在给予实验刺激(即自变量)之前,称为前测。第二次则在给予实验刺激之后,称为后测。研究者通过比较前测和后测的结果,来衡量因变量在被给予实验刺激前后所发生的变化,反映实验刺激对因变量所产生的影响。这种测量既可以是一次自填式问卷调查,也可以是一项态度测验,还可以是一次结构式观察或结构式访问。

(3)实验组与控制组。

实验组是实验过程中接受实验刺激的那一组对象。即使是在最简单的实验设计中,也至少会有一个实验组。控制组也称为对照组,它是各方面都与实验组都相同,但在实验过程中并不给予其实验刺激的一组对象。控制组的作用是向我们显示,如果不接受实验刺激那样的处理,那么实验组将会发生什么。在实验研究过程中,研究者不仅观察接受实验刺激的实验组,同时他们也观察没有接受实验刺激的控制组,并通过比较这两组对象的观察结果,来分析和说明实验刺激的作用和影响。[②]

(二)实验法的程序

实验法与其他社会研究方法一样,遵循着社会研究从选题开始直到得出研究结论

① 风笑天.社会研究方法[M].5版.北京:中国人民大学出版社,2018:155.
② 风笑天.社会研究方法[M].5版.北京:中国人民大学出版社,2018:155-156.

的基本逻辑过程。只是由于实验研究在对象选择、研究设计、变量测量、资料收集等方面的独特性，因而在具体的研究程序和步骤上与其他社会研究方法有所不同。

纽曼详细列举了实验研究的12个具体步骤(见表5-3)，虽然并不是每一项实验研究都完全包含其中的所有步骤，同时这些步骤的前后顺序也不一定完全严格地固定不变，但它仍然较好地涵盖了大多数实验研究的基本过程。

表5-3 纽曼列举的实验研究的12个具体步骤①

序号	步　骤
1	从一个有关因果关系的简单明白的假设开始
2	根据实际条件决定一种合适的实验设计用来检验假设
3	决定如何引入实验刺激或如何创造一种引入自变量的背景
4	制定一种有效的和可信的因变量的测试
5	建立实验背景，并对实验刺激和因变量测试进行预实验
6	选取合适的实验对象或个案
7	随机指派实验对象到不同的实验组，并对他们进行详细指导
8	对所有实验组中的个案进行因变量的前测
9	对实验组进行实验刺激
10	对所有实验组中的个案进行因变量的后测
11	告诉实验对象有关实验的真实目的和原因，询问他们的实际感受，尤其是当实验对象在某些方面被欺骗时，这种说明就更为重要
12	考察所收集的资料，进行不同组之间的比较，并运用统计方法决定假设是否被证实

(三)实验法的特点

实验法是最符合实证主义方法论的研究方法，是社会研究方法中最接近自然科学方法的一种方法。实验研究的主要特点如下。

1.严格的因果推断逻辑

科学研究的重要目标是探索和揭示现象之间的因果联系。在这方面，实验法具有比其他几种社会研究方法更为强大的力量。实验法可以通过随机化地选择实验对象、建立实验组与控制组、引入和操纵实验刺激、进行前测和后测，最终通过比较和分析不同实验组间的前后测数据，达到揭示出变量或现象之间的因果联系的目的。这是实验法最具吸引力的地方。

2.人工化的研究背景

相对于其他几种社会研究方法来说，实验法带有很强的人工化的痕迹。这是由于实验法对环境控制的要求很高，在一定程度上可以说是一种"人工制造"式的研究方法。实验法所具有的高度控制性、严格的程序性等，在一定程度上会使得研究的背景脱离社

① W. Laurence Neuman. Social Research Methods: Qualitative and Quantitative Approaches. Second Edition. MA:Allyn and Bacon, 1994: 176.

会现实，影响到实验结论的推广和运用。

3. 受到政治、伦理、道德等方面的限制

从实际从事实验法的过程和要求来看，它所受到的限制条件或许是最多的。其原因就在于实验法的控制性和操纵性特征。实验法为了保证因果推断的严格性，需要"孤立"或"净化"实验环境，以排除其他因素的影响。因为需要操纵和控制某些变量，所以需要人为地去改变某些变量的状态，而所有这些操纵、控制和改变的行为一旦作用在人的身上，就会在现实中受到各种政治、伦理、道德的限制。

正是由于上述特点，实际社会研究中运用实验法会有一定的限制，但是，我们却不能不了解实验法的逻辑思维和操作程序。[①]

（四）案例解析

以新闻传播学硕士学位论文《社交电商平台中 UGC 的传播策略对传播效果的影响研究——以"小红书"为例》[②]为例。

在此篇学位论文中，研究者以小红书平台中护肤类文字笔记的传播效果为研究对象，使用内容分析法和实验法进行了实证研究。在经过内容分析法总结出小红书 UGC（用户生产内容）主要使用的传播策略后，研究者确定了后续实验法中所要使用的三组变量，即信源（明星、博主、素人）、内容呈现策略（一面提示和两面提示）以及图片策略（有真人实用产品图片和无真人实用产品图片）。为验证上述传播策略变量组合产生的传播效果对用户的影响情况，研究者进行了实验设计。采用了后测控制组设计的方法，将测试对象分为 12 个实验组（如表 5-4 所示）。

表 5-4　《社交电商平台中 UGC 的传播策略对传播效果的影响研究》的实验组别[③]

实验分组	自变量刺激	性别	人数
实验组 1	明星 * 一面提示 * 有真人实用产品图片	男	6
		女	24
实验组 2	明星 * 两面提示 * 有真人实用产品图片	男	6
		女	24
实验组 3	明星 * 两面提示 * 无真人实用产品图片	男	6
		女	24
实验组 4	明星 * 一面提示 * 无真人实用产品图片	男	6
		女	24
实验组 5	博主 * 一面提示 * 有真人实用产品图片	男	6
		女	24

① 风笑天. 社会研究方法[M]. 5 版. 北京：中国人民大学出版社，2018：158.

② 邵未然. 社交电商平台中 UGC 的传播策略对传播效果的影响研究——以"小红书"为例[D]. 广州：暨南大学，2019.

③ 邵未然. 社交电商平台中 UGC 的传播策略对传播效果的影响研究——以"小红书"为例[D]. 广州：暨南大学，2019.

续表

实验分组	自变量刺激	性别	人数
实验组 6	博主 * 两面提示 * 有真人实用产品图片	男	6
		女	24
实验组 7	博主 * 两面提示 * 无真人实用产品图片	男	6
		女	24
实验组 8	博主 * 一面提示 * 无真人实用产品图片	男	6
		女	24
实验组 9	素人 * 一面提示 * 有真人实用产品图片	男	6
		女	24
实验组 10	素人 * 两面提示 * 有真人实用产品图片	男	6
		女	24
实验组 11	素人 * 两面提示 * 无真人实用产品图片	男	6
		女	24
实验组 12	素人 * 一面提示 * 无真人实用产品图片	男	6
		女	24

研究者对各个组别分别施加信源、内容呈现策略和图片策略等不同的实验刺激。研究者基于内容分析法选出一篇具有代表性的护肤类笔记，并依据传播策略的指标将其适当修改数据，使其满足每一个实验组的条件，让测试对象在阅读笔记后填写问卷，通过对问卷的数据处理，比较各组测试对象之间的不同之处，从而判断不同的传播策略的传播效果是否存在明显差异。

三、内容分析法

（一）内容分析法的内涵

对任一信息表现形式的研究，都可以采用内容分析法，例如书籍、诗歌、歌曲、绘画等等，通过研究这些信息表现形式，来了解信息发出者的动机、价值观念和态度，以及信息产生的影响。作为一种实证方法，内容分析法已在多个学科广泛引用。在传播学研究中，内容分析法也是学者们常用的方法。众多学者们使用内容分析法来进行不同时期传播内容的纵向比较分析、同一时期传播内容的横向比较分析、特定时期的传播内容分析、揭示媒体提供的“拟态现实”，以及分析社会变化等。①

拉扎斯菲尔德和贝尔森认为：“内容分析是一种对交往所显示出来的内容进行客观的、系统的、定量的、描述的研究技术。”②这是学界基本公认的第一个内容分析法的系统定义。知名学者霍尔斯蒂也对内容分析法提出过一个宽泛定义：“内容分析是通过客

① 郭庆光. 传播学教程[M]. 2 版. 北京：中国人民大学出版社，2011：268-269.

② [德]阿特斯兰德. 经验性社会研究方法[M]. 李璐璐，林克雷，译. 北京：中央文献出版社，1995：186.

观系统地识别信息的具体特征而推断的任何技巧。”[①]

不同学者从不同角度对内容分析法的内涵提出了自己的见解，这些观点基本都体现出了内容分析法的三大特点。

(1)客观。这一特点要求研究结果不为研究者主观态度所影响，即对于同一素材，不同研究者或同一研究者在不同的时间里重复研究过程，都应得到相同的结论。

(2)系统。这一特点是指有关显性内容的完整析出，不允许出现任何遗漏。

(3)定量。定量是指在传播内容中找出重要的且又易于计量的特征及属性，研究者按照规定的方法程序进行操作，使析出的信息能够用数量加以准确描述。[②]

(二)内容分析法的实施步骤

1. 确定主题并提出假设

研究者基于社会变化或实际问题及理论确定研究主题，随后根据研究主题提出假设问题。此处所假设的问题应与研究主题密切相关，能直接指导后续样本收集和数据整理工作。研究假设的提出具体应遵守以下原则：①可验证的，所提出来的研究假设是一种细节化的预测，能够通过内容分析法得到验证；②明确具体，当研究假设非常明确时，量化内容分析才最有效率[③]；③陈述式的，通常是对两个变量之间关系进行陈述性假设。例如，微博文本中增加流行语能够提高微博转发量。

2. 确定分析对象并抽取样本

此处具体有三个步骤：①确定研究样本来源，确定选择样本的时间和内容范围；②根据研究目的、对象数量大小等选择简单随机抽样、系统抽样、连续日期抽样、分层抽样以及非随机抽样等，在抽样时须尽量保证每一个样本单位有同等的机会被抽到；③剔除无效研究样本。

3. 确定编码体系

此步骤是内容分析法的关键环节，就是选定分析单位，并制定信息的分类标准，按照统一标准将分析对象的样本纳入不同分类中。此处根据分析对象和研究目的的不同，分类方式也有所不同。具体步骤如下。

(1)选定编码单位。

即综合考虑自己的研究目的，选定具体的观察点，这个观察点可以是单词、符号、主题、人物，以及意义独立的词组、句子或段落乃至整篇文献都可以作为分析单位。[④]

(2)类目建构。

此步骤是将所有编码单位归于不同类目，有效且系统的类目能保证所有编码单位有归属。在此阶段，研究者需关注三点。

首先，界定变量和类型。变量就是研究假设中的关键要素。例如研究不同性别在网络中是否表达个人情绪，那性别和是否就是变量。一般而言，几乎所有的研究都会涉

---

① 周翔.传播学内容分析研究与应用[M].重庆:重庆大学出版社.2014:9.

② 郭庆光.传播学教程[M].2版.北京:中国人民大学出版社,2011:268-269.

③ 周翔.传播学内容分析研究与应用[M].重庆:重庆大学出版社.2014:17-18.

④ 邱均平,邹菲.关于内容分析法的研究[J].中国图书馆学报,2004(2):14-19.

及两个及两个以上的变量，而一个变量多数情况下有两个以上的值。

在界定变量时，可从以下方面入手：①采用普适性变量，此种变量没有媒介特殊性，有普遍的适用范围，适用于不用关注某个文本的具体内容；②梳理过往理论和研究文献，借鉴前人研究的变量，并重新根据自己的研究目的和假设进行评估；③发现具有特殊性的关键变量，例如特定的媒介可能具有特定的形式变量等；④利用扎根理论方法来识别变量，研究者深入自己所研究内容的信息世界，在这个过程中体会影响研究的重要变量。[①]

其次，将分析单位划入有意义的类目中。系统有效的类目建构应当要分层明确，具有穷尽性，能将所有分析单位纳入其中。此外，各类目之间互相排斥。尤其是应当注意类目系统的信度，信度是内容分析中的关键性因素。

4. 制定标准化编码表

编码表是对编码单位进行观察的工具，是基于编码单位和分类标准的选择而进行的。标准化编码表可以简化编码工作，方便后续统计。

5. 统计并分析

完成编码和收集工作后，运用统计工具得出不同类目的数据，并运用分析的图表来展示结果，从而揭示出信息所隐含的意义，并做出一定推断。此步骤主要包括三部分工作：①描述统计结果；②推理统计数据；③相关现象分析。[②] 描述性统计不涉及总体判断，只描述样本特性，且以单变量和双变量为主，常见的描述性统计量有频数、百分比、平均值、强度等。推理性统计所呈现的信息是让研究者进行下一步判断，常见方法有方差分析、卡方分析、相关和回归分析等。

此步骤多借用软件协助研究者进行处理，常用的软件如下：SPSS 是内容分析法中运用最多的软件，能用集群分析和多维排列技术自动分析关键词并进行分组；CATPAC 能阅读文本并输出简单的分析；Wordstat 能基于用户的词典进行编码，并生成词频图和字母表，以及分组之间双变量比较，呈现方式包括条形图、高分辨率线以及双点阵图等；ATLAS. ti 能进行文本、非文本资料解释处理，在管理、编码、备忘、抽取分析上独树一帜，且能生成 SPSS 可读文件，并进一步统计分析。[③]

6. 得出分析结果

在上述分析的基础之上，研究者可以根据自己的研究主题和目的，分为两种路径撰写结论。首先，检验设置的变量之间的关系，验证自己的假设是否成立，并撰写结论。其次，对变量分析的结果进行具体深入的描述分析，例如分析所研究对象的特性、文本策略等。

---

① 周翔. 传播学内容分析研究与应用[M]. 重庆：重庆大学出版社. 2014：178-182.
② 邹菲. 内容分析法的理论与实践研究[D]. 武汉：武汉大学，2004.
③ 邹菲. 内容分析法的理论与实践研究[D]. 武汉：武汉大学，2004.

(三)内容分析法的优缺点

1. 内容分析法的优点

(1)简单易行,成本低且效率高。

内容分析法的操作方法简单易上手,能持续处理大量信息和数据,且无须制作调查问卷和耗费人力成本进行实地调查和采访。并且伴随着计算机编码的成熟应用,研究者可以重复获取样本并实现快速编码,极大地提高了研究者的效率。

(2)客观且无须打扰研究对象。

内容分析法是针对已发出的信息进行分析,不介入信息发出者的信息发布过程,即不像问卷调查法和实验法在使用过程中需要打扰到研究对象,又能使研究者在研究过程中保持客观中立的态度。

(3)定性分析与定量分析结合。

内容分析法以定性分析为研究的起始点,将信息的内在特点转化为数据,通过对数据进行定量分析,实现对信息内在特点更深刻的认识,并得出科学并符合事实的结论。

2. 内容分析法的缺点

(1)信息准确性存疑,只能研究已记录的信息。

内容分析法只能研究已经被记录下来的信息,无法研究未记录下来的但确实存在过的样本,这会导致内容分析法的研究结论缺乏准确性,最后的研究结论可能也无法具有代表性。

(2)分析结论不够深入。

内容分析法只能得出表层的、直接的效果研究结论,若想进一步探索深层的、间接的效果研究结论,还需要与其他社会研究方法相结合。

(3)编码和类目建构烦琐。

编码和类目建构是内容分析法的关键步骤,但在样本数量过大的情况下,编码和类目建构过程则变得十分烦琐,且这一过程中都是人为操作,可能会导致内容分析法的内在效度不高。

(四)案例解析

以新闻传播学硕士学位论文《基于内容分析法的@四川共青团官方微博文本研究》[①]为例。

共青团微博的开通为共青团服务青年、引导青年开辟了便捷高效的渠道,随着时间的推移,它已成为政务微博阵营中最具规模和影响力的部分。本篇学位论文选择了省级共青团微博中具有代表性的"@四川共青团",并以其微博文本影响力较为突出的2014年为研究对象,通过内容分析法分析其微博文本内容,以期提出新的信息发布策略。本篇学位论文的具体研究路径如表5-5所示。

---

① 朱莹燕. 基于内容分析法的@四川共青团官方微博文本研究[D]. 重庆:西南交通大学,2015.

表 5-5 《基于内容分析法的@四川共青团官方微博文本研究》的研究路径[①]

研究过程	具体实施
确定研究课题并提出假设	研究问题:"@四川共青团"在运营过程中有什么值得借鉴的经验?如何通过改善共青团微博文本内容和发布方式来提高微博转发量? 研究假设:提出了发布时段、发布月份、文本构成、文本长短、文本主题等若干个与微博转发量相关的变量
抽取样本	抽取样本为"@四川共青团",抽取时间段为 2014 年 1 月 1 日 0:00 至 2014 年 12 月 31 日 23:59 分。对 2014 年"@四川共青团"发布的 6079 条微博文本进行提取,剔除除去经过层级化推动的特殊微博样本 18 条,将剩下的 6061 条微博样本,按转发量高低进行排序,从排名第一的微博文本取起,每隔 20 条随机抽取一条微博文本作为研究样本,共取研究样本 304 条
确定编码体系	确定编码单位:选定编码单位为单篇微博文本。 建立类目:从文本发布内容和文本发布方式进行类目建构。发布内容包括"主题类目""方法类目""特性类目"等类目。发布方式包括"传播形式或类型""叙述形式""强度类目""策略类目"等类目。 信度检验:采用的信度分析公式为 $R=(n\times K)/[1+(n-1)\times K]$,R 是信度,$n$ 是评判员的人数,K 是评判员间的同意程度。根据另外三位评判员的评判结果进行信度分析,信度为 0.83,大于人们公认的 0.70 的信度标准
统计分析	使用 SPSS19.0 for Windows 进行数据统计分析,运用了频数分析和卡方检验两种数据分析方法。发现假设中 16 个变量与转发量之间显著相关,并对 16 个变量进行下一步分析
得出分析结果	此研究属于描述性分析,因此,在验证假设并筛选出关键变量后,作者还对变量的具体呈现状态进一步分析,总结出影响转发的关键因素有配图数量、恰当使用微博表情以及语言风格等,以及高转发量微博的文本特征有青春气息明显、语言风格活泼、字数在 71~140 区间以及"熊猫"表情的使用等。在此基础上,作者还抬出"@四川共青团"微博文本中存在的问题,相应地提出了措施和建议

此篇文章在采用内容分析法时,研究路径清晰明确,基本遵循了内容分析法的原则和步骤,对读者而言,有一定的参考意义。

第二节 定性研究法

定性研究法也称质化研究法,主要采取解释性范式,重视对现象的解释和理解,强调"人"在研究环境里的活动和他们之间的关系,它的研究设计比较灵活,因而也就不具有客观性和可重复性,其研究结果往往留下很大的阐释空间,不同的研究者对同一个现

① 朱莹燕.基于内容分析法的@四川共青团官方微博文本研究[D].重庆:西南交通大学,2015.

象所得出的解释因人而异。关于定性研究法包含哪些具体的研究方法,不同的学者有不同的认识,一般而言,新闻传播学研究生学位论文中常用的定性研究法主要分为质化田野研究和文本分析法两类。其中,质化田野研究又可以分为访谈法、民族志/人种志、扎根理论方法等。文本分析法又可以分为框架分析法、话语分析法等。

一、质化田野研究

(一)访谈法

访谈法是研究者通过与研究对象口头交谈来收集其心理特征和行为数据资料的一种方法。不同于一般的交谈和日常生活中的聊天,访谈法具有特定的科学目的和一整套设计和实施的技巧和原则。[①]

1. 访谈法的主要类型

按照访谈对象的人数,可以分为个别访谈与集体访谈;按照是否与访问对象直接接触,可分为直接访谈与间接访谈;按照访谈内容与操作方式,则可分为结构性访谈、非结构性访谈与半结构性访谈。下文将对结构性访谈、半结构性访谈与非结构性访谈三种访谈法进行简单介绍。

(1)结构性访谈。

结构性访谈,又称标准化访谈或封闭性访谈,是一种对访谈过程高度控制的访谈方法。访谈者在进入访谈现场之前,已经草拟了完整的问题提纲。整个访谈过程围绕着访谈者所设计的问题提纲,按流程进行。这样的访谈主要以访谈者获取事实性的资料为主,受访者具有很大的被动性。[②]

(2)非结构性访谈。

非结构性访谈,又称开放式访谈或自由式访谈。非结构性访谈指本次访谈事先并没有完整的调查问卷和详细的访谈提纲,更没有已规定好的访谈程序。在访谈过程中,访谈者与受访者就有关主题自由交谈,所提的问题、提问的方式及顺序都是未经设计过的。访谈者鼓励受访者表达自己真实的想法和观点,发表自己的意见。这种访谈的目的是了解受访者自己所认为的重要的问题,以及受访者看待问题的角度、对意义的解释等。

(3)半结构性访谈。

半结构性访谈具有一定的结构,访谈者对访谈过程有一定的控制。访谈者采取半结构性访谈时,须事先准备好一个粗略的访谈提纲。在交谈过程中,访谈提纲主要起到提示的作用。半结构性访谈主要以开放式的问题为主,在访谈的过程中,访谈者引导受访者表达自己的思想、观点和故事。[③] 访谈者只是访谈过程中的辅助者、引导者,不主导访谈活动的开展。但是在访问过程中,访谈者可以根据访谈情况灵活地设计、调整和提出问题,给受访者创造出更充分的表达空间。[④] 半结构性访谈具有很大的灵活性和弹性。

---

① 李德方.怎样写文章:学术论文写作项目化教程[M].苏州:苏州大学出版社,2020:73.

② 李浩泉,陈元.教育研究方法[M].成都:西南交通大学出版社,2018:82.

③ 李浩泉,陈元.教育研究方法 M].成都:西南交通大学出版社,2018:82.

④ 王战军,马永红,周文辉,等.研究生教育概论[M].北京:北京理工大学出版社,2019:223.

2.不同类型访谈法的优缺点

(1)结构性访谈的优点和缺点。

结构性访谈具有以下优点:便于控制访谈过程,最大限度地降低访谈误差,提高访谈结果的可靠程度;应用范围较广,能够自由选择访谈对象,并可以选择性地与受访者就某些特定问题进行深入沟通;由于能在访谈过程中对受访者的态度行为进行观察,还能获得访谈对象的非语言信息。

结构性访谈具有以下缺点:结构性访谈费用高、耗时久,访谈规模容易受到限制;对于敏感性、尖锐性或有关个人隐私的问题,访谈效度将会降低;访谈结果受制于访谈者的个人素质,访谈者的态度、经验等对访谈结果有决定性的影响;访谈者容易将个人主观意见甚至是偏见带入访谈过程中,从而导致访谈结果产生偏差。

(2)非结构性访谈的优点和缺点。

非结构性访谈具有以下优点:访谈过程弹性空间大,能充分调动访谈者与受访者沟通交流的积极性,双方可围绕一个研究话题进行深入广泛的交谈与讨论,在轻松的氛围中,受访者更能够提供许多意料之外的想法和见解,从而帮助访谈者找到新的研究思路或研究方向;非结构性访谈过程中,访谈者不仅能获得与研究问题有关的丰富材料,还能感知到受访者的感受,使得访谈者能全面地把握研究问题的内涵与外延。

非结构性访谈的缺点在于:比较费时,且访谈规模受到限制;由于访谈过程是非标准化的,导致难以对访谈结果进行定量分析。

(3)半结构性访谈的优点和缺点。

半结构性访谈介于结构性访谈与非结构性访谈之间,因此兼具结构性访谈与非结构性访谈的优点和缺点,这一访谈方法在研究中较常被使用。①

3.访谈法的实施步骤

(1)访谈变量的界定。

首先需要明确访谈的目的,并将其进一步具体化,详细列出研究所涉及的所有变量的类别与名称,了解需要收集哪些方面的信息。②

(2)访谈问题的设计。

访谈问题的设计又可以分为三个部分:一是访谈问题形式的设计;二是访谈问题内容的设计;三是访谈与访谈程序的修订。

①访谈问题形式的设计。访谈问题的形式主要有封闭式(又称固定选择式、限定式)和开放式(又称非限定式)两种。封闭式问题要求受访者在事先确定的几个选择答案中选择一个自认为最合适的答案,这种问题答案易于计分,客观性更强。开放式问题则是受访者根据自己的想法,用自己的语言来做出回答。开放式问题的答案有利于访谈者收集深层次的信息。目前的大多数访谈两种形式并用。例如,"你有没有注意到《人民日报》近期所发布的这则新闻?"就是个封闭式的问题,答案仅为"有"或者"没有"。"请你谈谈对这则新闻的感受好吗?"这个问题就是开放式的问题,对答案没有限制,且能通过受访者的回答获取更多的信息。

① 王战军,马永红,周文辉,等.研究生教育概论[M].北京:北京理工大学出版社,2019:223.

② 李德方.怎样写文章:学术论文写作项目化教程[M].苏州:苏州大学出版社,2020:74.

此外，编排问题顺序也属于访谈问题形式设计的范畴。编排问题顺序时一般应遵循“漏斗原则”，即由一般、非限定性问题，到具体、限定性问题，由较宽泛的问题到较细节的问题。

②访谈问题内容的设计。访谈问题内容的设计紧紧围绕访谈目的展开，问题表达要清楚、明确，文字表述要适合受访者的年龄特征和认知水平；对不同受访者所提问题的说明与解释要规范、统一；每一具体问题只集中在一个变量上；避免提引导性、奉承性问题，以及受访者无法回答的问题。①

③试谈与访谈程序的修订。在正式访谈开始之前，可以先做一个小型的试谈，试谈对象尽可能与之后正式访谈时的对象为同一类人。通过试谈可检验访谈程序设计的合理性和可行性，如提问顺序是否合理、表述和措辞等是否符合受访者的年龄特征和认知水平等，从而为正式访谈程序的修订提供依据。

(3)访谈前准备。

在正式访谈之前，访谈者应充分熟悉访谈内容、准备好访谈所需的相关材料。同时尽可能地了解受访者的情况，与受访者建立融洽的关系，取得受访者的信任。此外还应提前与受访者协商合适的访谈时间与地点等。

(4)正式访谈。

在访谈过程中，访谈者应注意控制访谈的话题走向，使其围绕中心主题进行，恰当地进行提问，注重提问技巧，以获取更多的信息。

(5)做好访谈记录。

访谈记录一般包括纸笔记录和录音笔记录两种方式，若用录音笔记录，则需征询受访者的同意，在受访者知情且同意的前提下进行。

(6)访谈结束与再次访谈。

访谈者要注意控制好访谈时间，根据访谈现场状况与受访者的情绪状况把握访谈结束时间，访谈结束后应对受访者的帮助与配合表示感谢。若有需要，还应为后续的访谈做好铺垫或安排。

4.案例解析

案例：以新闻传播学硕士学位论文《“一带一路”倡议网络公共外交效果探析——对在华留学生的访谈研究》②为例。

在此论文中，为解答“在华留学生通过哪些网络媒介接触有关中国的信息？其中，‘一带一路’倡议的信息接触情况如何？”以及“在华留学生对‘一带一路’倡议的认知、态度和传播行为及其影响因素？”两个核心研究问题，研究者采取了访谈法与内容分析法相结合的方法开展了研究。先通过访谈法获取访谈材料，后使用内容分析法对访谈材料进行研究分析。

在访谈问题的设计方面，研究者围绕上述两个核心研究问题，设计了四大主体性问题。

(1)受访者的基本信息：包括但不限于国籍、姓名、性别、年龄、家乡所在地、宗教信

---

① 李德方.怎样写文章：学术论文写作项目化教程[M].苏州：苏州大学出版社，2020：74.

② 石丽.“一带一路”倡议网络公共外交效果探析——对在华留学生的访谈研究[D].武汉：武汉大学，2018.

仰、教育背景、来华年限、汉语考试水平(HSK[①] 级别)、获得中国政府奖学金(CSC)/孔子学院奖学金/“一带一路”奖学金/其他奖学金的情况。

(2)受访者对中国有关信息尤其是“一带一路”倡议信息的网络媒介接触使用行为:探析受访者获取中国有关信息尤其是“一带一路”倡议信息的网络媒介接触使用行为,基于网络公共外交客体对网络媒介的使用情况,评估“一带一路”倡议网络公共外交渠道的有效性和传播效果,进而为渠道优化提供策略建议。

(3)受访者对“一带一路”倡议的认知、态度与传播行为及影响因素:围绕受访者对“一带一路”倡议的认知、态度和传播行为展开深入交流。通过追踪和探测性问题,进一步深入探查受访者形成特定认知、态度,以及实施特定行为的深层原因,进而确认影响受访者对“一带一路”倡议的认知、态度和传播行为的关键因素。

(4)深入了解受访者的其他主体性想法:包括但不限于了解受访者的留学动机、留学目标、未来职业规划、跨文化交际能力与意愿、对中国的看法、对母国和中国两国关系的看法、对“一带一路”倡议的意见和建议等。

在实际访谈过程中,研究者主要围绕以上四个维度的主体性问题展开访谈,同时根据实际情况对访谈问题进行拓展或追问,以便更深入地了解受访者的深层心理动因。与此同时,研究者设计了访谈提纲,如表 5-6 所示。

表 5-6 《“一带一路”倡议网络公共外交效果探析——对在华留学生的访谈研究》访谈提纲[②]

PartA:访谈对象的基本信息 1. 姓名: 2. 性别: 3. 年龄: 4. 国籍: 5. 家乡所在地: 6. 宗教信仰: 7. 教育背景(学历、学校、学院、专业): 8. 来华年限: 9. 中文水平(HSK 级别): 10. 奖学金获得情况:
PartB:网络媒介接触使用行为 1. 在母国和中国经常使用的网络媒介有哪些? 2. 使用上述网络媒介主要用来做什么? 3. 在母国和中国获取中国信息时使用何种网络媒介? 4. 选择使用特定网络媒介的原因? 5. 对中国网络媒介的了解与评价? 6. 评价网络媒介对观点的影响。 7. 评价网络媒介在母国和中国交流中的作用。

① HSK 即汉语水平考试。

② 石丽.“一带一路”倡议网络公共外交效果探析——对在华留学生的访谈研究[D]. 武汉:武汉大学,2018.

续表

PartC:对“一带一路”倡议的认知、态度和传播行为
1.是否了解“一带一路”倡议,关注或未关注的原因?
2.了解“一带一路”倡议的方式?
3.希望通过何种网络媒介了解“一带一路”信息?
4.对“一带一路”倡议的认知和态度及其成因?
5.评价母国和中国的关系及“一带一路”倡议背景下的关系发展?
6.影响您对“一带一路”倡议认知、态度的主要因素有哪些?
7.参与“一带一路”倡议推行的意愿、行为及原因?
8.对“一带一路”倡议的期望?

PartD:其他主体性想法探测
1.选择来华留学的原因。
2.来华留学的期望与目标。
3.对来华留学期间经历的评价。
4.未来的学习或职业规划。
5.请评价自己的沟通、适应能力。
6.来华前后对中国的看法。

在访谈对象的选择方面,该论文的研究对象是“一带一路”沿线国家和与中国签订“一带一路”相关合作协议的国家的在华留学生。研究者考虑到联系来自世界各地的在华留学生存在一定的困难,因此根据实际情况结合方便抽样原则,通过人际网络推荐和“滚雪球”的方式,成功联系并确定了访谈对象。访谈对象数量的选择,主要是围绕所研究的问题,基于样本的代表性、充分性和访谈内容的饱和度来选择。

为了与受访者建立信任关系,在具体执行过程中,研究者提前与受访者联系,并告知受访者关于研究者的个人情况,以及访谈目的、访谈结构序列、访谈时长和主要访谈内容等信息,获取受访者的知情同意。访谈秉持自愿原则,充分尊重受访者的意愿预约正式的访谈。访谈结束后,研究者通过社交媒体与受访者保持联系。

全部访谈工作在2017年11月至2018年1月之间完成,累计访谈时间约50小时,共形成非中文单词和中文字符共计121950字的访谈原始文本。在获得受访者同意的前提下,研究者对部分同意录音的受访者的访谈过程进行了录音;对没有同意录音的受访者,研究者提前培训了访谈助手,令其及时记录访谈资料,并在访谈后,研究者与助手将双方同时记录的访谈资料进行交叉核验,以充分保证访谈资料记录的准确性。

访谈资料的整理和分析主要包括:对访谈资料的完整转录,确保访谈誊本信息的完整性和一致性;并通过录音与转录稿的核验、将誊本发给受访者交叉核对、核验访谈资料的内在一致性的形式,确保访谈誊本的真实性和有效性。通过对受访者表述内在一致性的检测,确保了访谈的效度。通过精准联系能提供有用信息的访谈对象,确保访谈的全面性和精确性,强调访谈的信服力和透明性,有效确保了访谈的信度。最后通过对访谈资料的内容分析,研究者得出了相应的研究发现。

(二)民族志/人种志

民族志,对应的英文单词是"ethnography",我国学者有时也将其翻译成"人种志"或"民俗志"。这一概念原指人类学者收集有关特定社会及文化的资料和记录,并解释这些现象的一种方法。一般情况下,民族志倾向于使用观察、访谈等田野调查手段,重视一群人的活动过程,而不仅仅描述孤立的事件。民族志描述同一文化群体的生活方式,包括他们如何行动、互动、为自己的行为赋予意义等。[①]

当下,新闻传播学研究领域使用的民族志主要以经典民族志和网络民族志两个方向为主。

1. 经典民族志

经典民族志指采用传统的方法来开展民族志研究,比较常见的是进行实地调研,通过参与式观察来了解当地社会文化,并以此展开研究。许多民族志学者都在调查地区居住长达一年甚至更长的时间,学习当地的语言,而且尽最大的可能融入当地人的日常生活之中。但同时,研究者作为一个观察者,要保持不偏不倚的立场。经典民族志的研究路径主要有以下三点。

第一,深入研究现场。经典民族志研究具有实地调查的传统,要求研究者深入当地社会情境中,在真实、复杂、流动的自然情境中认识和理解研究对象。

第二,注重文化解释。对于民族志研究者而言,文化的解释至关重要。研究者通常采用文化维度来解释自己所观察到的行为,并确保这些行为被放置在一个有意义的文化背景中。[②] 在许多民族志研究中,研究者不再将研究对象所在的文化情境看作是脱离于研究者自身的异文化系统,而是从内在的视角来理解和描述研究对象所处的社会情境及其文化景观,在深度参与和对话过程中共同建构意义。

第三,揭示象征意义。民族志的文化解释遵循着建构主义的理论取向,主张从现象学、诠释学和符号互动论等哲学路径出发,描述与诠释个体的日常生活经验和行动的意义建构过程。

2. 网络民族志

网络民族志以传统的民族志方法为基础,基于互联网的参与式观察,研究者可以在线上参与被观察的群体,与研究对象进行对话、交流。网络民族志注重对研究对象在线上的交互内容和形式的定性分析,旨在研究在线群体呈现出来的亚文化、交互过程和群体行为特征。

网络民族志有以下几个特点。

第一,以网络虚拟空间为线上田野。在互联网飞速发展的时代背景下,民族志研究得以开展的社会结构和文化情境已然发生转变,网络虚拟空间成为和线下生活空间同等重要的研究场域和田野调查地点,虚拟社区亦是真实的研究场域。

第二,研究网络文化。网络民族志注重的是文化过程而不是物理空间,所以它的研究内容和视角即虚拟社区中的网络文化,当前,蓬勃发展的互联网技术催生了各式各样

① 陈阳.大众传播学研究方法导论[M].2版.北京:中国人民大学出版社,2015:199-200.

② [美]大卫·M.费特曼.民族志:步步深入[M].3版.龚建华,译.重庆:重庆大学出版社,2013:1-2.

的网络社会现象，其中夹杂着丰富的网络文化实践。对于参与者而言，在虚拟社区的互动中，他们相互之间交换的不仅仅是信息，更有复杂的意义系统。

第三，开展整体性考察。在当前社会生活中，虚拟社区与现实情境并不是完全割裂开来的，二者相互交织、互相建构。个体在虚拟社区和现实生活中的表现很可能存在较大反差，因此，不能把线上田野的资料收集作为唯一的资料来源。①

3.案例解析

案例一：以新闻传播学硕士论文《一位扎西少年的媒介之旅》为例。

该论文使用了民族志研究方法，研究者本人是藏族人，是内地西藏班中的一员，其先后在内地四座城市完成了他的中学、大学以及研究生学业。论文将作者个人的成长经历作为研究对象，讲述了一名藏族学生在内地各种"媒介"环境下如何实现个人社会化，个人如何建构或解构对民族和国家的认同，以及其在面对传统与现代的冲突与调试中的行为问题。故事以个体成长的时间线横向展开，叙述了研究者在不同时间段中遇到的人、课堂、学校和媒体，反思一个个体的现代性和民族认同如何在媒介、教育、迁移的传播环境中被不断解构和建构。②

案例二：以新闻传播学硕士论文《当代中国网络亚文化群体的政治化再造——基于"饭圈女孩"2019—2021年的网络民族志分析》为例。

该论文以娱乐导向性的网络亚文化群体"饭圈女孩"作为研究对象，使用亚文化研究的理论和互动仪式链理论分析了"饭圈女孩"作为网络亚文化群体的政治化再造，以期回答"饭圈女孩"这样一个娱乐导向性群体为何出现娱乐政治化的现象。

在研究方法上，研究者采用了网络民族志的研究方法，主要以线上参与式观察方法，浸入式地观察相关微博群里用户的互动和相关话题下的用户评论。自2019年11月至2020年12月期间，一直定期观察"阿中哥哥反黑群(现改名为"阿中哥哥我们来守护群")""饭圈女孩官微粉丝群"这几个网络社区的成员互动。研究者通过沉浸式地观察"饭圈女孩"和网络民族主义者的活动，对"饭圈女孩"进行了动态化、情境性的研究。③

(三)扎根理论方法

扎根理论是一种重要的质化研究法，其主要宗旨是从经验资料的基础上建立理论。研究者在研究开始之前一般没有理论假设，直接从实际观察入手，从原始资料中归纳出经验概括，然后上升到理论。这是一种自下而上建立实质理论的方法，即在系统收集资料的基础上寻找反映社会现象的核心概念，然后通过这些概念之间的联系建构相关的社会理论。④

---

① 董扣艳.品牌消费、身份建构与符号秩序——基于微商群的网络民族志考察[J].福建师范大学学报(哲学社会科学版)，2022(2)：53-66，170-171.

② 次仁群宗. 一位少年扎西的媒介之旅[D].南京：南京大学，2014.

③ 缪娅.当代中国网络亚文化群体的政治化再造——基于"饭圈女孩"2019—2021年的网络民族志分析[D].南京：南京大学，2021.

④ 陈向明.扎根理论的思路和方法[J].教育研究与实验，1999(4)：58-63，73.

1.扎根理论的基本思路

(1)从资料中产生理论。

扎根理论强调要从资料中归纳、总结理论,不对理论做事先预测,只有在对资料进行演绎归纳以后,通过对资料的深入分析,才能逐步形成理论框架。扎根理论者认为,只有从资料中产生的理论才具有旺盛的生命力。

(2)对理论保持敏感。

由于扎根理论的主要宗旨是建构理论,因此它特别强调研究者对理论保持高度的敏感。在进行资料整理、收集的过程中,研究者一定要对现有的理论、前人的理论以及资料中呈现的理论保持一种高度的敏感,注意捕捉新的建构理论的线索。

(3)不断比较的方法。

扎根理论的主要分析思路是比较,在资料和资料之间、理论和理论之间不断进行对比,然后根据资料与理论之间的相关关系提炼出有关的类属及其属性。

(4)理论抽样的方法。

在对资料进行整理分析时,研究者可以把资料中初步生成的理论作为自己下一步资料抽样的标准。这些理论可以指导下一步的资料收集和分析工作,对后续研究具有导向作用,还可以使用这些理论对资料进行编码。

(5)灵活运用文献。

阅读文献可以让研究者更多地了解业界目前的研究成果和现状,也让我们能够更好地掌握理论知识,在研究过程中进行理论建构时具有重要作用。但是同时也要注意,在引用文献和理论时一定要适度,不要让前人的思想束缚我们,禁锢在已有的研究成果和理论中。

(6)理论性评价。

扎根理论对理论的检核与评价有自己的标准,总结起来可以归纳为如下四条:①概念必须来源于原始资料,理论建立起来以后应该可以随时回到原始资料,可以找到丰富的资料内容作为论证的依据;②理论中的概念本身应该得到充分的发展,密度应该比较大,即理论内部有很多复杂的概念及其意义关系,这些概念坐落在密集的理论性情境之中;③理论中的每一个概念应该与其他概念之间具有系统的联系,各个概念之间应该紧密地交织在一起,形成一个统一的、具有内在联系的整体;④由成套概念联系起来的理论应该具有较强的运用价值,应该适用于比较广阔的范围,具有较强的解释力。[①]

2.扎根理论的操作程序

(1)一级编码。

在一级编码(又称开放式登录)中,研究者要以一种开放的心态,尽量"悬置"个人的"偏见"和研究界的"定见",将所有的资料按其本身所呈现的状态进行登录。这是一个将收集的资料打散,赋予概念,然后再以新的方式重新组合起来的操作化过程。

(2)二级编码。

二级编码(又称关联式登录或轴心登录)的主要任务是发现和建立概念类属之间的各种联系,以表现资料中各个部分之间的有机关联。这些联系可以是因果关系、时间先

① 陈向明.扎根理论的思路和方法[J].教育研究与实验,1999(4):58-63,73.

后关系、语义关系、情境关系、相似关系、差异关系、对等关系、类型关系、结构关系、功能关系、过程关系、策略关系等。在轴心登录中，研究者每一次只对一个类属进行深度分析，围绕着这一个类属寻找相关关系，因此称为“轴心”。随着分析的不断深入，有关各个类属之间的各种联系应该变得越来越具体。在对概念类属进行关联性分析时，研究者不仅要考虑到这些概念类属本身之间的关联，而且要探寻表达这些概念类属的被研究者的意图和动机，将他们的言语放到当时的语境，以及他们所处的社会文化背景中加以考虑。

(3)三级编码。

三级编码(又称核心式登录或选择式登录)指的是在所有已发现的概念类属中经过系统的分析以后选择一个核心类属，分析不断地集中到那些与核心类属有关的码号上面。核心类属必须在与其他类属的比较中一再被证明具有统领性，能够将最大多数的研究结果囊括在一个比较宽泛的理论范围之内。①

3. 案例解析

案例：以新闻传播学博士论文《城市社区老年人数字融入影响机制》为例。

该论文旨在探究城市化、数字化、老龄化叠加背景下城市社区老年人的数字融入影响机制，将研究问题细分为数字融入之概念界定、影响因素、影响机制及应对策略，将对老年人数字融入的研究视角拓展至社区这一中观层面，并丰富了数字融入的概念内涵，把前人研究中仅强调使用层面深化至网民身份认同的文化心理层面。在研究方法上，论文使用了扎根理论方法，以北京城区老年人为主要对象，对其进行了实地访谈，以期发现新的解释变量和被解释变量以及新的影响路径。本文所做的田野调查主要分为两个阶段。

第一阶段：通过观察和非结构性访谈等方法，对老年人进行访谈并收集原始资料，从老年人的讲述中了解到在他们生活中，从个人到家庭再到社区各个层面，数字生活对其的影响。然后对从文献中梳理出的影响因素的适用性进行初步验证，对理论模型构建的合理性进行摸底，同时了解是否有遗漏的新的影响因素或解释路径。

第二阶段：基于前述对北京社区的整体把握，选出在特征上具有典型性或代表性的社区，通过对基层——街道或社区居委会工作人员及社区志愿者进行访谈，了解不同类型社区的信息基础设施和网络数字资源接入情况，社区对于老年人使用互联网、手机等的动员培训，以及是否有如社区志愿者等非政府组织的技术救助支持等情况。同时，将老年人对其所在社区拥有的数字资源的认知和使用，和社区实际拥有的数字资源以及宣传动员情况进行比较，寻找两者之间的差距，从而更精细地定位数字融入受到阻碍或促进的具体原因。②

二、文本分析法

文本分析法是社会科学研究领域一种常用的研究方法。文本分析法的理论资源来自阐述学和人文主义。到 20 世纪 60 年代，结构主义思潮兴起，质化的文本分析法才进

① 陈向明. 扎根理论的思路和方法[J]. 教育研究与实验，1999(4)：58-63，73.

② 王辉. 城市社区老年人数字融入影响机制[D]. 北京：清华大学，2021.

入大众传播研究的视野。[①]

文本分析法是研究媒体内容的多种方法的总称,它包含多个理论流派和思想资源,并无统一的操作程序。一般来说,它是研究者用来描述和解释媒介讯息的一种研究方法,侧重于描述文本的内容、结构和功能,解释深层的潜在意义,一般很少使用数字和统计手段来呈现研究结果。用文本分析法研究媒介内容,也经常被称为解读媒介内容。[②]

文本分析法采用个案研究,样本量少,不具有代表性,不能从个案推断总体,也不能统计特定意义在某个时期内所出现的频率和变化趋势,跟能够处理大样本的内容分析法相比较,文本分析法研究结果的外在效度(推广性)不高,而外在效度相对较高是内容分析法的优势之一。如果研究者只能获得很少的研究样本,或者研究对象的总体规模较小,比如研究张艺谋的电影、金庸的武侠小说、黄霑的音乐作品等,那么使用文本分析法可能比内容分析法更加合适。文本分析法强调对媒介内容的深入理解,它的优势在于获得研究对象深入的、隐含的意义,而内容分析法采用概率抽样和统计手段,只能获得表面的、外在的意义。因此,如果研究目的在于理解和解释媒介内容,而不在于推断这种现象是否在另一个时空条件下也会出现,即重视内在效度而非外在效度,那么文本分析法更加合适,比如研究张艺谋电影里的"中国"形象、金庸小说的情爱观、从黄霑作品看香港流行乐坛的变迁等。[③]

(一)框架分析法

1. 框架及其在新闻传播学研究领域中的应用

最早提出"框架"概念的是社会学家戈夫曼,他在《框架分析》一书中将"框架"定义为"人们用来认识和解释社会生活经验的一种认知结构",它"能够使它的使用者定位、感知、确定和命名那些看似无穷多的具体事实 "。[④]

20 世纪七八十年代,框架理论开始被传播学研究者广泛引用,框架分析被发展成为一种研究新闻文本的方法。在新闻传播领域,新闻框架的分析方法是多种多样的,学者们分析的侧重点也不一样。国内外学者在研究新闻框架时,都会采用以下可能的路径:第一,Van Dijk(1988)的"媒介论述分析"分析取向;第二,Gamson 和 Modigliani(1989)的"诠释包裹"分析取向;第三,Tankard 等(1991)"框架清单"的分析取向;第四,Pan 和 Kosicki(1993)的"论述结构""分析取向。[⑤]

简单说来,当前传播学视野之下的框架分析(或框架研究)早已超出了戈夫曼最初讨论的范围,至少有三个研究领域都涉及了框架分析:第一,从新闻生产的角度来看媒体的内容框架如何被设置;第二,从内容研究的角度来看大众媒体的内容框架是什么,即媒体框架;第三,从效果研究的角度来看受众如何接收和处理媒介信息,即受众框架。[⑥]

---

① 陈阳.大众传播学研究方法导论[M].2 版.北京:中国人民大学出版社,2015:231.

② 陈阳.大众传播学研究方法导论[M].2 版.北京:中国人民大学出版社,2015: 231-233.

③ 陈阳.大众传播学研究方法导论[M].2 版.北京:中国人民大学出版社,2015: 231-233.

④ Erving Goffman. Framing Analysis: An Essay on the Organization of Experience[M]. New York: Harper &Row,1974:21.

⑤ 纪娇娇.基于语义网络分析的转基因议题框架量化研究[D].合肥:中国科学技术大学,2017.

⑥ 陈阳.大众传播学研究方法导论[M].2 版.北京:中国人民大学出版社,2015:248.

在进行框架分析时，研究者首先要确定样本文章，样本数量不能太多（千篇以上），也不宜太少（个位数）。其次确定样本文章里反复出现的比喻、举例、标语口号、叙述、描写等，分析它们的主题、语言和修辞手段、新闻事件的过程等。最后用简洁的语言总结媒体框架。为了表述清晰，研究者可以用表格形式来总结自己主要的研究结果。①

2. 案例解析

案例：以新闻传播学博士学位论文《基于语义网络分析的转基因议题框架量化研究》②为例。

该论文核心解决两个问题：公众关心转基因议题的哪些方面？不同媒体如何建构转基因议题框架？通过对这两方面问题的研究了解公众对转基因话题的信息诉求、媒体对转基因议题框架建构的倾向性，以及公众议题和媒介议题之间的差距，对政府和媒体如何充分利用微信公众平台进行科学传播、提高公众的科学素养提出建议。

为解决上述问题，该论文使用了框架分析法，具体包括三个步骤。

（1）基于框架分析归纳模式，引入了语义网络分析的方法，归纳总结文本的议题框架。首先，将整个采集的样本构建议题框架抽取的语料库。按照设定的标准提取核心词汇，基于共词分析，建构整个语料库的语义网络。其次，对语义网络进行聚类分析，获得语义集群。最后对集群进行人工编码，概括总结每个集群的议题框架，即可获得整体样本存在哪几类议题框架。在议题框架提取的基础上，引入 Bag-of-Words 模型并进行改进，利用扩展的模型建立文档和框架之间的联系，从而获得不同议题框架在每个文档中的统计。

（2）对微信公众平台采集到的 824 篇有关转基因议题的文章进行分析，分析其所涉及的有关转基因食品和作物的内容以及内容的偏向性，以可视化图像直观呈现其议题内容。

（3）基于语义网络和 Bag-of-Words 模型提出的量化议题框架分析方法，比较中央主流媒体、生活服务媒体与科普类媒体对转基因不同议题框架的关注。③

（二）话语分析法

话语分析法作为一种跨学科的研究方法，其兴起是随着 20 世纪西方人文社会科学的语言学转向运动开始的，目前在新闻传播学研究领域已发展成为较为重要的质性研究方法之一，旨在运用符号学、结构主义和语言学的分析方法来分析文本的结构和意义，对文本内容进行深入的挖掘，探索意义的不同解读方式和文本中隐藏的意识形态力量。④ 在新闻与传播研究领域，使用较为广泛的话语分析法有批评话语分析法、语料库为基础的话语分析法等。

1. 批评话语分析法

批评话语分析法旨在分析语言、权力和意识形态的关系，揭示语篇如何源于社会结构和权力关系，又如何为之服务。批评话语分析法从诞生之日起便为语言和语篇研究

---

① 陈阳. 大众传播学研究方法导论[M]. 2 版. 北京：中国人民大学出版社，2015：251.

② 纪娇娇. 基于语义网络分析的转基因议题框架量化研究[D]. 合肥：中国科学技术大学，2017.

③ 纪娇娇. 基于语义网络分析的转基因议题框架量化研究[D]. 合肥：中国科学技术大学，2017.

④ 施旭. 什么是话语研究 [M]. 上海：上海外语教育出版社，2017.

提供了一个新的方法和视野，因为它不仅把话语视为现实的反映或表征，也是社会实践的重要组成部分，主张从语言/语篇或符号学的角度来理解和解释社会现实。作为一种话语分析方法，批评话语分析法已经被日益广泛地应用于对各种话语的分析研究，并取得了丰硕的成果，极大地加深了人们对语言和社会之间关系的认识，其自身也在应用中获得了长足的发展[①]，成为新闻传播学领域的重要研究方法之一。

（1）批评话语分析法的研究范围与常用方法。

批评话语分析法主要分析真实的社会言语交往活动，所关注的内容包括与语篇和语篇生成有关的社会政治问题及其与社会和意识形态的关系，涉及年龄、种族、性别、阶级和态度等社会因素。批评话语分析法透过语言探究各种社会机构，尤其是大众传媒、司法、教育和商务等领域中的国家认同、民族身份、性别歧视和社会角色中隐含的偏见和不平等现象。

（2）案例解析。

案例：以新闻传播学硕士学位论文《中国主流媒体对大数据神话的建构——基于〈人民日报〉相关报道的批评性话语分析》[②]为例。

在该学位论文中，研究者以《人民日报》的相关报道作为分析对象，采用费尔克拉夫所提出的三维框架（语篇、话语实践和社会实践），进行了批判话语分析。在文本层面，从及物性、隐喻、过分词化、文本架构等角度来分析媒介话语书写和建构大数据神话的过程。在话语时间层面，通过报道主题框架、话语序列以及互文性分析大数据神话所涵盖的权力与意识形态如何得以表达、掩盖与认可；在社会实践层面，通过官方政策、文化传统、商品化等角度，论证了大数据神话如何与政治、经济、文化等方面的社会实践相互影响。

例如，在文本层面的及物性分析上，研究者通过整理《人民日报》关于大数据相关报道中的不同报道对象及其对应的关键词（见表5-7），观察不同报道对象与其关键词的搭配，分析了报道文本中词语的选择所隐含的意识形态。如"大数据"作为施动主语，选用主动语态，与"解决""强化""主推""发掘"和"重构"等词汇搭配，与此相对应的，受动主体为政治、经济、生活相关的各个领域、各行各业，经过"大数据"的加持，这些领域成为"被改造""被强化管理""被革新"的对象，在这样的叙述中，凸显了大数据技术的主体地位。

表5-7 《中国主流媒体对大数据神话的建构——基于〈人民日报〉相关报道的批评性话语分析》中大数据相关报道对象及其关键词[③]

报道对象	关　键　词
大数据技术	解决、助推、强化、带动、推动、守护、发掘、帮忙、重构
各省市	依托、应用、唱响、启动、运用、建设、共建、试水、利用、创造性运用、充分利用、借力、推进

① 辛斌，高小丽.批评话语分析：目标、方法与动态[J].外语与外语教学，2013(04)：1-5，16.

② 韩卓然.中国主流媒体对大数据神话的建构——基于《人民日报》相关报道的批评性话语分析[D].北京：中央民族大学，2020.

③ 韩卓然.中国主流媒体对大数据神话的建构——基于《人民日报》相关报道的批评性话语分析[D].北京：中央民族大学，2020.

续表

报道对象	关　键　词
国家各级领导和专家	强调、研发、探索、希望、加强
政治、经济、生活等各领域	被改造、被强化管理、缓解、被革新
体验技术的人民群众和企业	感慨、方便、享受、带来实惠、解决难题、减少负担

2.语料库为基础的话语分析法

语料库为基础的话语分析法并非是一种独立的话语分析方法，而是对其他话语分析法的有效补充。语料库的应用可以为文本研究增添定量研究色彩，这一技术常与批评话语分析法相结合，并极大地拓展了批评话语分析法的空间。研究者在语料库的辅助下可以实现对语言现象的快速、准确查找。

使用该方法多利用语料库处理软件如 Word Smith Tools、AntConc 辅助研究，这些软件工具的主要功能包括检索、词表、主题词表、搭配等。多数研究都是根据研究目的建立小型语料库，并运用语料库自带的检索功能，考察高频词、主题词、搭配词等方面的特征，同时辅助以定性研究，来考察文本话语的规律与特点。

(1)考察指标。

①主题词。

主题词在语料库语言学中指的是，通过将观察语料库和参照语料库产出的词表进行对比得到的频率超常的词语。统计的结果是在观察语料库中明显高于参照语料库中的一系列主题词。主题词统计是研究语篇和语域特征的有效途径，它能够提供语篇层面词语的显著分布和文本主题的关系。主题词表能够使研究者有依据地判断语篇的意义和说话人所要表达的观点。[①]

②语义韵。

语义韵是当代语料库语言学中的一个重要研究对象。它指的是单词或词组的“超越词界的联想色彩”。要确认语义韵必须在以现代信息技术为支持的语料库语言学研究中使用定位检索软件找出其搭配伙伴，对其“表达联想意义”进行定性、定量分析，从而得出语义韵轮廓。[②]

③词频。

词频或许是语料库能够提供的最重要的数据类型，它能帮助人们辨别最基本的语言特征，这些特征往往包含话语的意义。[③] 例如在专用语料库中，我们可以从词频统计中获悉语料库的总体词汇分布情况。当多个语料库进行比较时，词频信息能显示它们之间的差异性。除了考察词频表中的个体词汇外，我们还可以观察每个词左右共现的固定形式。

① 张淑静.语料库在批评话语分析中的应用[J].郑州大学学报(哲学社会科学版)，2014，47(3)：130-133.

② 纪玉华，吴建平.语义韵研究：对象、方法及应用[J].厦门大学学报(哲学社会科学版)，2000(3)：63-68.

③ Tony McEnery，Richard Xiao&Yukio Tono. Corpus-Based Language Studies：An Advanced ResourceBook [M]. London：Routledge，2006.

④搭配。

搭配在语料库语言学中是一个非常重要的概念，最早是由Firth在20世纪50年代提出的。Firth认为搭配词之间是一种"结伴关系"，也就是说词的意义与其结伴出现的词之间密切相关。词与词之间的互相依存和互相期待行为，表明二者的共现概率与其语义黏合程度成正比。共现的频率越高，两者搭配提供的语境意义也就越明确。[①] 语料库证据支持的词语搭配研究有两种基本方法：基于数据的方法和数据驱动的方法。具体的做法有三种：利用索引证据、参照类连接，检查和概括词项的搭配情况；计算搭配词，采用统计测量手段，靠数据驱动研究词语搭配模式；采用技术手段，从语料库提取并计算词丛。[②]

⑤索引分析。

索引分析是语料库语言学的核心，因为它可以让我们看到文本中许多重要的语言形式。很多语料库分析软件可以用来研究一个词的上下文，研究者可以根据自己的需要设定标准。索引程序最基本的功能是提供问询词在语料库中的词频信息，并展示该词的上下文信息。索引行还可以展示搭配词，帮助解释说话者和写作者的态度等。[③]

(2)案例解析。

案例：以新闻传播学硕士学位论文《美国媒体视野中的大熊猫形象(1949—2018)——基于〈纽约时报〉语料库的批评话语分析》[④]为例。

在此篇学术论文中，研究者综合使用了内容分析法、基于语料库的话语分析法以及符号修辞分析方法三种研究方法。基于语料库的话语分析法被用于从中观层面研究报道文本中的词频、主题词等话语策略。

研究者先将其所检索到的《纽约时报》上关于大熊猫主题报道的236篇报道建立了"大熊猫(1949—2018)"语料库，并基于此前的背景资料，将1949年到2018年分为四个阶段，并分别建立四个阶段的小型语料库。

语料库建立完毕后，借助AntConc语料库分析软件对以上四个语料库的词频、主题词等进行分析。如在研究者所划分的第一阶段(1949—1971)，通过使用AntConc软件的Word List功能，得到了排名前30的高频词汇，分别为Chi、panda、zoo、giant、London、Moscow、China等。

通过对这30个高频词汇进行频数标准化操作，即用某一个检索项的实际观察频数除以总体频数，并在此基础上乘以1000，得到标准化频率(每千词)。根据文本对词汇进行了简单分类：大熊猫名称词汇、地名、国名、政治类词汇等，如表5-8所示。

---

① 张淑静. 语料库在批评话语分析中的应用[J]. 郑州大学学报(哲学社会科学版)，2014，47(3)：130-133.

② 卫乃兴. 基于语料库和语料库驱动的词语搭配研究[J]. 当代语言学，2002(2)：101-114，157.

③ 钱毓芳. 语料库与批判话语分析[J]. 外语教学与研究，2010，42(3)：198-202，241.

④ 江子君. 美国媒体视野中的大熊猫形象(1949—2018)——基于〈纽约时报〉语料库的批评话语分析[D]. 武汉：华中科技大学，2019.

表 5-8 《美国媒体视野中的大熊猫形象(1949-2018)——基于〈纽约时报〉语料库的批评话语分析》"大熊猫(1949—1971)"语料库高频词表①

大熊猫名称		地名、国名、政治类		大熊猫繁殖		大熊猫形象描写	
频率	词汇	频率	词汇	频率	词汇	频率	词汇
26	Chi	10	London	13	Zoo	10	giant
21	panda	9	Moscow	8	animal	2	white
5	An	8	China	6	mate	1	black
1	bear	4	Communist	3	captivity		
		4	unite	3	female		
		2	country	2	bamboo		
		1	Chinese	2	cage		
		1	Tibet	2	male		
				1	born		
				1	breed		
				1	die		

研究者对该结果进行分析称,"大熊猫(1949—1971)"语料库中出现较多的高频词是与大熊猫繁殖相关的词汇,以及地名、国名、政治类相关词汇,认为这与论文前文内容分析得到的结论一致,即在 1949 年到 1971 年,媒体对于大熊猫新闻的报道多集中在大熊猫繁殖以及"熊猫外交"主题上。在地名、国名、政治类词汇中,经常出现"Communist"这一意识形态浓厚的词汇。本阶段对大熊猫形象描写的词汇很少,且出现频率不高,white 和 black 均是对大熊猫身体颜色的描述,这一时期的大熊猫形象尚未展露出其受欢迎、可爱的一面。

本章小结

新闻传播学研究生学位论文中常用的定量研究法包括问卷调查法、实验法和内容分析法。定性研究法包括质化田野研究和文本分析法。其中,质化田野研究包括访谈法、民族志/人种志、扎根理论方法等;文本分析法可以分为框架分析法、话语分析法等。

一般而言,研究方法既没有好坏之分,也没有高低贵贱之分,学位论文撰写者可以选择任何一种研究方法,当然,也可以将不同的研究方法混合使用。尽管研究方法的选择没有固定的标准,但是一定要适合研究对象,并能够较为科学有效的达成研究目标。特别值得注意的是,特定研究方法的使用一定要严格遵照该方法的使用规范,不能随意更改、删减或增加研究流程,更不能为了达成某种目标故意伪造资料和篡改数据。

① 江子君. 美国媒体视野中的大熊猫形象(1949—2018)——基于〈纽约时报〉语料库的批评话语分析[D]. 武汉:华中科技大学,2019.

第六章　新闻传播学研究生学位论文的标题拟定

一般而言，学位论文的标题要求具备一个总的标题，下设至少包含三级标题，即章标题、节标题，以及节标题下可以表达具体观点的小标题。关于三级标题的格式，不同学校有不同的格式要求，一般有如下两种格式(见图 6-1)

第一章　××	1.　××
第一节 ××	1.1 ××
一、××	1.1.1 ××
二、××	1.1.2 ××
三、××	1.1.3 ××
……	……
第二节 ××	2.1 ××
一、××	2.1.1 ××
二、××	2.1.2 ××
三、××	2.1.3 ××
……	……
第三节 ××	3.1 ××
……	……

图 6-1　两种常见的三级标题书写格式

第一节　新闻传播学研究生学位论文主标题的拟定

一个精确、简练、清晰的论文标题是一篇学位论文成为优秀学位论文的必要条件，那么，学位论文的主标题需要具备哪些要素，有何拟定技巧？

一、学位论文主标题的基本要求

(1)论文总标题应是以恰当、简明的词语反映论文中最重要内容的逻辑组合，一般不超过 20 个字(不同的学校对字数的要求不同,应根据具体要求而定)。

(2)若单一题名不足以显示论文的内容或反映出研究的性质,可通过副标题进行补充、延伸或限定。如《网络"丧文化"的传播机制和引导策略研究——以网易云音乐评论区为例》《儿童绘本中的性别呈现与表达——基于对"丰子恺儿童图画书奖"获奖作品的符号学分析》等。

(3)题目中应该避免使用不常见的缩略词、首字母缩略词、字符、代号和公式等。新闻传播学领域常用的缩略词,如 UGC(用户生产内容)、IPP 指数(既有政治倾向指数)、AI(人工智能)等,在题目中尽量使用全称。除此之外,题目中也尽量避免出现容易引起歧义或误解的词汇。如果标题中需要使用专有名词或报纸、电视台、广播台、公众号的名称等,需要加上特定的标点符号,比如引号、书名号等,且需要注意的是,论文的章节标题、正文中,凡是出现该专有名词,也应使用统一的标点符号。如《网络"丧文化"的传播机制和引导策略研究——以网易云音乐评论区为例》中的"丧文化"一词,《儿童绘本中的性别呈现与表达——基于对"丰子恺儿童图画书奖"获奖作品的符号学分析》中的"丰子恺儿童图画书奖"奖项名称等。

(4)中英文标题应一致。即英文题目内容与中文题目内容须对应。这一原则,大多数学位论文撰写者都是可以达到的,但是值得注意的是,许多同学在论文的初稿写作时,会根据已经完成的初稿标题将其翻译成英文标题。但在后续的论文修改环节中有时会更换或修改中文题目,却忘记了对之前已经翻译的英文标题进行修改,有时会出现中英文标题内容不一致的情况。因此,在论文定稿之后,论文作者需要再次对中英文标题进行校对,以确保二者一致。

二、学位论文主标题的拟定原则

拟定学位论文的主标题,首先需要明确研究对象和研究问题,在此基础上,有选择性地将研究过程中所涉及的理论或视角、研究范围、研究个案、研究方法等内容嵌入标题中,从而使得研究对象和研究问题更为聚焦,研究流程更为明确。

(一)研究对象(必备)

研究对象,就是论文重点研究的事件、人物、现象、内容、行为等,是论文得以立足的部分,因此,研究对象必须明确地出现在论文主标题中,从而让阅读者第一眼看到题目就知道论文的核心研究对象是什么。比如,《网络"丧文化"的传播机制和引导策略研究——以网易云音乐评论区为例》的研究对象是"网络'丧文化'",《儿童绘本中的性别呈现与表达——基于对"丰子恺儿童图画书奖"获奖作品的符号学分析》的研究对象是"儿童绘本",《文化类网络综艺节目的仪式化传播研究——以〈登场了,洛阳〉为例》的研究对象是"文化类网络综艺节目"。

(二)研究问题(必备)

如果说研究对象必须出现在论文主标题中是非常容易理解的做法,那么,研究问题为什么需要出现在标题中,许多同学可能对此有些疑惑。研究问题指的是在论文中需要研究特定研究对象的××问题,比如,论文的研究对象是网络"丧文化",那么是研究网络"丧文化"哪个方面的问题?是网络"丧文化"的特征,还是生成动因,是传播机制,还是引导策略？这是需要明确的。再如，若研究对象是儿童绘本，那么需要研究儿童绘本哪个方面的问题？是儿童绘本的出版状况、发行策略、内容生产策略、受众效果、符号选择、修辞表达，抑或是其他问题？研究问题的确定，可以帮助学位论文的研究边界更加明确，研究范围更加清晰，研究对象更加集中，从根本上提高学术论文写作中的可操作性。

（三）具体理论或研究视角（可选）

虽然论文中所使用的具体理论或研究视角并不作为必备项，但学位论文标题中出现理论和视角的概率还是相对较高的。常见的格式为：《××视角下的××研究》《××理论视域下的××研究》《××研究——基于××理论/视角》等。比如，《基于价值共创理论的“李子柒”品牌营销研究》《具身视域下广告传播形态演进的理路》《数字鸿沟视角下的美国电信业规制——以网络中立为例》《基于认知中介模型的时政数据新闻传播效果研究》《治理理论视角下地方政府新闻发布会效能提升研究》《互动仪式链视角下的纸媒品牌增值策略研究 ——以〈晶报〉代运营深圳政务微信为例》等。

（四）研究范围（可选）

研究范围主要包括时间范围和地域范围两种类型。

1. 时间范围

时间范围即针对研究对象在特定时间范围内的研究。这种研究更多地集中在具有一定历史时间跨度的研究主题上，如《情感的社会建构：〈纽约时报〉对索马里饥荒的报道策略研究（1960—2017）》《我国控烟宣传的“图景”（2007—2018）：内容属性、劝服策略及视觉表达》《道阻且长 行而能远——复旦大学新闻教育述评（1957—1976）》《中共十八大以来〈人民日报〉反腐报道研究（2013—2017）》《清末民初广州〈时事画报〉研究（1905—1913）》等。时间范围的确定，能够使得研究对象更为聚焦，研究的可操作性更强。

2. 地域范围

地域范围即针对研究对象在特定地域范围内的研究，如《新媒体时代加拿大华文免费报纸的媒介生态研究》《民国时期广州电影研究（1920—1938）》等。

（五）研究个案（可选）

研究个案指的是学位论文中所涉及的具体案例，它可以是某一家或某几家媒体，也可能是某一档或某几档节目，或者是某一个或某几个人物，如《电视下乡：社会转型期大众传媒与少数民族社区——独龙江个案的民族志阐释》《互动仪式链视角下的纸媒品牌增值策略研究——以〈晶报〉代运营深圳政务微信为例》等。

（六）研究方法（可选）

将研究方法放在学位论文标题中，一方面在于该研究方法在学位论文的相关研究中尤为重要，另一方面在于该研究方法在一定程度上是论文研究视角的重要体现。比如，《媒介伦理意识的大学校园传播及自主建构研究——基于华中师范大学的田野调查》和《仪式传播视阈下中原农村婚俗变迁研究(1980—2015)——对信阳农村的田野调查》两篇论文使用的核心研究方法都是质化研究法中的田野调查，因此，作者将田野调查放入学位论文标题中，以凸显该研究方法对学位论文的重要意义。再如，《日常生活与手机实践——云南某哈尼族彝族农民工群体的民族志研究》和《大众传媒与少数民族乡村政治生活——对湘黔桂毗邻边区三个民族村寨的民族志调查与阐释》使用的都是民族志研究法，且均在标题中对此进行了呈现。

关于学位论文主标题的拟定原则，笔者例举了部分学位论文标题案例，如表 6-1 所示。

表 6-1 “学位论文主标题的拟定原则”案例分析表

论文标题	研究对象	研究问题	理论视角	研究方法	研究范围	研究个案
网络“丧文化”的传播机制和引导策略研究——以网易云音乐评论区为例	网络“丧文化”	传播机制与引导策略	“丧文化”	/	/	网易云音乐评论区
儿童绘本中的性别呈现与表达——基于对“丰子恺儿童图画书奖”获奖作品的符号学分析	儿童绘本	性别呈现与表达	符号学理论	/	/	“丰子恺儿童图画书奖”获奖作品
文化类网络综艺节目的仪式化传播研究——以〈登场了，洛阳〉为例	文化类网络综艺节目	仪式化传播	仪式传播理论	/	/	《登场了，洛阳》
1946 年《中央日报》的改革研究	《中央日报》	改革行为		/	1946 年改革	
《玲珑》杂志中女性生活图像的视觉修辞研究	《玲珑》杂志	女性生活图像	符号与视觉修辞理论	/	/	
华为危机事件的议题管理研究——基于危机传播视域的“心声社区”分析	华为危机事件	议题管理	危机传播	/	/	“心声社区”
新华社“创意海报突击队”战疫海报的视觉修辞研究	新华社“创意海报突击队”战疫海报	视觉修辞	符号与视觉修辞理论	/	/	新华社“创意海报突击队”

续表

论文标题	研究对象	研究问题	理论视角	研究方法	研究范围	研究个案
新冠肺炎疫情期间《人民日报》微博共情传播效果研究	《人民日报》微博	共情传播效果	共情传播理论	/	新冠肺炎疫情期间	/
《仪式传播视阈下中原农村婚俗变迁研究(1980—2015)——对信阳农村的田野调查》	中原农村婚俗	婚俗变迁过程	仪式传播	田野调查	1980—2015年	信阳农村

第二节 新闻传播学研究生学位论文章节标题的拟定

章节标题是次于学位论文主标题的层次标题，是学位论文标题系统的重要组成部分。其中，章标题是对学位论文某一具体章节核心内容的总结性呈现，而节标题则是学位论文中某一节内容核心观点的提炼。一般而言，学位论文的层次标题要求简短明确，同一层次的标题应尽可能“排比”，即词(或词组)类型相同(或相近)，意义相关，语气一致，层次以少为宜。

一、章节标题应表达核心观点

这一原则要求学位论文拟定章节标题时，尽量将特定章节需要表达的核心观点呈现在章节的标题中，也即“在这一章节中，关于某个问题，我的观点是什么”，而不只是简单地呈现“在这一章节，我要做什么”。比如，《网络“丧文化”的传播机制和引导策略研究——以网易云音乐评论区为例》一文的第三章节重点研究的是“网易云音乐评论区‘丧文化’的形成动因”，节标题分别为“社会环境因素”“用户心理因素”“平台自身因素”，在“社会环境因素”节标题下设的三级标题分为“现实环境”“文化环境”“技术环境”，“用户心理因素”分为“用户自我表演”“用户群体认同”，“平台自身因素”分为“音乐因素”“音乐社区因素”。单纯从这一标题结构来看，读者大概能知道作者在这一章节中将要做什么分析，但并不能明确作者的核心观点是什么。比如，读者知道作者将在“社会环境因素”小节从现实、文化、技术三个层面分析社会环境因素是如何对网易云音乐评论区“丧文化”的形成产生影响的，但读者并不清楚，怎样的现实环境、文化环境、技术环境影响了“丧文化”的形成。因此，在节标题及次级标题中，需要明确表达出“什么样的现实环境”造就了“丧文化”。在对章节标题进行修改后，新旧标题的区别如图6-2所示。

原标题	修改后标题
第一节 社会环境因素	第一节 社会环境因素
一、现实环境	一、现实环境：青年群体压力凸显
二、文化环境	二、文化环境：多元价值冲击人生观
三、技术环境	三、技术环境：音乐社交平台解决渠道“渠道失灵”
第二节 用户心理因素	第二节 用户心理因素
一、自我表演	一、自我表演：情绪宣泄的“疏导剂”
二、群体认同	二、群体认同：技术赋权下的“从众心理”
第三节 平台自身因素	第三节 平台自身因素
一、音乐的作用	一、音乐对情绪的催化作用
二、“音乐社区”的作用	二、“音乐社区”的定位策略
	三、弱关系社交的虚拟在场

图 6-2 《网络“丧文化”的传播机制和引导策略研究——以网易云音乐评论区为例》第三章章节标题新旧对比图

二、章节标题避免出现“研究”“分析”等字眼

论文主标题中可以出现“××研究”“××分析”“××探究”“××调查”等字眼，但是在章节标题中则应尽量避免出现，只需把本章、本节想要表达的核心观点加以总结并呈现出来即可。比如《网络“丧文化”的传播机制和引导策略研究——以网易云音乐评论区为例》第三章节，论文撰写者最初拟定的章标题为“网易云音乐评论区‘丧文化’的形成原因探究”，这一个章标题，第一眼看上去很像一篇论文的主标题而不是章标题，此章标题改为“网易云音乐评论区‘丧文化’的形成动因”即可。此外，该论文第四章，原章标题拟定为“网易云音乐评论区‘丧文化’的传播机制分析”也存在一些问题，把“分析”两个字去掉更好。

三、同一体系的标题应体现其内部逻辑性

研究生学位论文写作时，非常重要的一点就是论文要体现出较强的逻辑性，这种逻辑性就非常明确地体现在章节标题之间的承接关系上。

一般而言，常见的学位论文的章节安排遵循这样一个原则：绪论；第一章，基本概念界定；第二章，研究的是什么；第三章，为什么要研究；第四章，研究的效果；第五章，研究中存在什么问题，以及如何解决这些问题。同时，量化研究的章节安排策略稍有不同，大体呈现这样的特征：绪论；第一章，研究设计；第二章，数据分析；第三章，由数据分析得出一些与论文主题相关的具体分析；第四章，结论与讨论。

案例：以新闻传播学博士学位论文《上海新闻记者职业团体研究（1921—1937）》[①]为例。

摘要

Abstract

1 绪论

1.1 研究缘起

1.2 研究对象界定

① 徐基中.上海新闻记者职业团体研究(1921-1937)[D].武汉:华中科技大学,2016.

1.3 文献综述
1.4 研究意义
1.5 研究思路
1.6 研究方法
1.7 难点与创新点
2 1921—1937 年上海新闻记者职业团体的演变脉络
2.1 上海新闻记者职业团体兴起的背景
2.2 团体初立:上海新闻记者联欢会
2.3 另立炉灶:上海新闻记者联合会
2.4 姗姗改组:上海市新闻记者公会
3 组织结构与运作机制
3.1 机构设置
3.2 领导层透视
3.3 组织管理与运作
4 国家规制与自由的坠落
4.1 从放任到国家法团主义
4.2 党团组织的渗透
4.3 自由精神的坠落
4.4 个体的突围
5 政治参与及社会交往
5.1 政治态度的转变
5.2 选举权的"行使"
5.3 民族主义运动的介入
5.4 社会交往的多重面相
6 职业整合的努力与挑战
6.1 权益保障的努力及限度
6.2 职业整合的挑战
结语 新闻记者职业团体的悖论与出路
致谢
参考文献
附录一
附录二

本章小结

新闻传播学研究生学位论文的标题应以恰当、简明的词语反映论文中最重要的内容。学位论文的主标题,首先需要具备明确的研究对象和研究问题,在此基础上,可以有选择性地将研究过程中所涉及的理论或视角、研究范围、研究个案、研究方法等内容嵌入标题中,从而使得研究对象和研究问题更为聚焦,研究流程更为明确。学位论文的章节层次标题要求简短明确,同一层次的标题应尽可能排比,即词(或词组)类型相同(或相近),意义相关,语气一致,充分体现其内在逻辑性,层次以少为宜。

第七章 新闻传播学研究生学位论文的中英文摘要和关键词写作

中英文摘要和关键词是学位论文的重要组成部分，在全文中起到“内容提要”的作用，对于总括论文核心内容以及文献信息检索有着重要意义。

第一节 中英文摘要的写作

一、中英文摘要的意义

首先，学位论文摘要的意义是什么？大家普遍认为摘要只是格式规范要求中一个不得不完成的部分，却少有人认识到它的意义和价值。

那么，什么是摘要？摘要的意义是什么？摘要，又可以称为内容提要，是以提供文献内容梗概为目的，不加评论和补充解释，简明、确切地记述文献重要内容的短文。《科学技术报告、学位论文和学术论文的编写格式》(GB 7713—87)所述：摘要是报告、论文的内容不加注释和评论的简短陈述。简单而言，摘要就是用精简的语言概述学位论文的基本内容，即使读者不阅读正文，通过阅读摘要，也大致能够清楚论文的研究目的、研究方法、研究成果、研究结论及核心创新点。摘要是读者判断学位论文是否有学术价值的重要依据。此外，摘要还是重要的文献检索工具。在诸多数据库中，摘要可以作为重要的检索项供信息检索者进行检索、查找。因此，摘要中所含信息的丰富性和准确性在很大程度上可以直接影响到这一篇学位论文在数据库中被检索和引用的概率。

二、中英文摘要的基本构成

一般而言，新闻传播学研究生学位论文的中英文摘要的结构应包括以下几个方面内容：首先，简单介绍选题背景以凸显题目的意义；其次，介绍研究目的、研究需要解决的问题、研究方法的执行；再次，介绍通过上述研究方法在多大程度上解决了研究问题，获得了哪些核心结论；最后，介绍论文研究对象存在的问题及解决对策，或者论文的创新点及对未来研究方向的展望。

（一）简单介绍选题背景以凸显题目的意义

案例一：以《新华社“创意海报突击队”战疫海报的视觉修辞研究》为例。论文摘要的第一段便用简短的文字交代了选择新华社“创意海报突击队”战疫海报作为研究对象的背景，以凸显论文选题的重要意义。

> 当前，我们正处于风险频发的时代，各种突发的公共事件层出不穷，而2019年末爆发的新冠肺炎疫情更是一次波及全球的重大突发公共卫生事件，对人们的生命和财产安全造成了巨大的损害。在此期间，作为社会守望者的新闻媒体纷纷围绕疫情展开报道，其中新闻类海报的应用成为读图时代下媒体创意报道的新型方式，在社交媒体平台广泛传播。在一系列新闻海报中，新华社“创意海报突击队”战疫海报凭借小团队精做工，在战疫海报中独树一帜，赢得了大批忠实粉丝，其背后的海报设计思维引人深思。

以上案例中用于介绍选题背景的文字内容是较为凝练的，篇幅也较为合适。当然，也有部分研究者的学位论文的摘要使用了较大篇幅来介绍选题背景。

案例二：以《儿童绘本中的性别呈现与表达——基于对“丰子恺儿童图画书奖”获奖作品的符号学分析》为例。本文摘要在介绍选题背景和选题意义时，首先介绍了社会上普遍存在的性别不对等现象，然后介绍了儿童绘本对儿童性别身份认知的影响，最后对论文所选个案——“丰子恺儿童图画书奖”进行了简单介绍。此摘要的写作，从结构和逻辑上来讲是没有问题的，但是整体篇幅略长，若内容稍加精简，效果将会更好。

> 新中国成立以来，我国一直在努力推进男女平等化进程，陆续出台了多个政策措施来消除性别歧视和性别不平等现象。尽管如此，不同程度的性别歧视和性别不平等问题在社会生活的各个领域依然或多或少地以明示或暗示方式存在着。未成年人对于国家的发展至关重要，他们是祖国发展建设的新希望和新力量。目前，许多研究已经指出，在传统父权制文化下孕育的媒介传播模式中，大众传媒所传递的信息隐藏着大量性别不平等、性别偏见、性别歧视以及性别刻板印象等。当儿童作为这种媒介传播模式的受众时，其对于性别的认知、性别观念与行为模式都会受到一定程度的影响。
>
> 性别具有生理属性和社会属性。生理属性是与生俱来的，而社会属性则是后天通过社会文化环境加以塑造的，并且通过“表演”的形式展现出来。儿童绘本作为一种印刷传播媒介，将日常生活图景以视觉化的文字和图像的形式，保存在受众头脑中。长时间暴露于儿童绘本所刻画的具有明显分化性的性别形象的画面中的受众，会不自觉地强化内心对这一媒介形象的认同感，甚至会无意识地去模仿在绘本中所看到的人物角色做出的种种举动，进行性别身份的“表演”。同时，儿童绘本中符号化内容的信息传递，为受众营造了社会图景，让受众认为媒介所描述的画面就是真实的现实社会的映照。
>
> “丰子恺儿童图画书奖”是中国第一个国际级华文儿童图画书奖。从2009年第一届评选至今，该奖已评选出42部优秀绘本作品。这些作品不但在中国出版发行，还被翻译成英文，面向国际图书市场进行推广。“丰子恺儿童图画书奖”所积累起来的作品也已构成了一个审视、观照华文原创绘本的有效窗口，其背后蕴藏的文化理念、价值观念对于儿童具有重要的影响。

（二）介绍研究目的、研究需要解决的问题、研究方法的执行

在介绍完选题背景和选题意义之后，学位论文的摘要可以就论文的研究目的、需要解决的问题、所选理论和研究方法等内容进行介绍。

案例一：以《新华社“创意海报突击队”战疫海报的视觉修辞研究》摘要的第二部分内容为例。

本文以新华社“创意海报突击队”发布的111幅战疫海报为研究对象，结合视觉修辞理论，综合运用文献研究法、内容分析法等多种研究方法，从视觉修辞符号、视觉修辞策略以及视觉修辞意义三部分展开分析。

案例二：以《儿童绘本中的性别呈现与表达——基于对“丰子恺儿童图画书奖”获奖作品的符号学分析》摘要的第二部分内容为例。

本文借助索绪尔符号学理论，对“丰子恺儿童图画书奖”历年的获奖作品中的语言符号和非语言符号进行分类分析，从文字符号、图像符号、色彩符号入手，从能指和所指两方面分析其符号呈现与意义表达，以追寻隐藏在其背后的两性观念，发现其中的问题，并提出相应的优化路径。

（三）介绍通过上述研究方法在多大程度上解决了研究问题，获得了哪些核心结论

学位论文摘要的第三部分，也是摘要的核心部分，需要对学位论文的研究内容、研究结论给予充分的介绍。

案例一：以《新华社“创意海报突击队”战疫海报的视觉修辞研究》摘要的第三部分内容为例。这一部分介绍了新华社“创意海报突击队”抗疫海报在图像、文字、色彩上的视觉修辞符号呈现，并在此基础上分析了视觉修辞背后传递的修辞意义。

本文认为，“创意海报突击队”在海报图像、文字以及色彩三大视觉修辞符号的呈现上具有显著特征。在图像符号中，它重点突出了人物符号和景观符号。在人物符号呈现上，它通过展现医护职业的服饰、人物情感性手势动作，并借用中近景细节化刻画人物形象；在景观符号上，它选择的城市建筑、园林植物、饮食符号具有明显的地域特色。在文字符号设计中它既有特殊性也有共性，特殊性表现在它依据不同的海报类型对于关键文字进行针对性处理，而共性则表现在它保持文字字体的艺术性与文字居中编排的强调性。在色彩符号中，它的主色调以蓝色背景为主，并搭配中性色彩白色。在三大海报设计要素协调搭配的基础上，“创意海报突击队”又综合使用视觉双关、视觉对比、视觉象征、视觉比喻、视觉反复和视觉借代六大视觉修辞策略进行修饰表达，最终传递出的修辞意义是：反复凸显疫情好消息，坚定战疫斗争的信心；多维塑造战疫医护画像，传递榜样正能量；强化受众城市共鸣情感，化城市危机为契机，以及由小人物反映大主题，展现伟大抗疫民族精神。

案例二：以《儿童绘本中的性别呈现与表达——基于对“丰子恺儿童图画书奖”获奖作品的符号学分析》摘要的第二部分内容为例。

研究发现，其意义传达主要包括“男性张扬，女性内敛”的两性性格特点、“男性宽泛，女性狭隘”的两性职业选择、“男性主外、女性主内”的两性社会分工、“男性简约，女性精致”的两性形象法则，以及“男性领导，女性依附”的两性社会地位五个方面。

（四）介绍论文研究对象存在的问题及解决对策，或者论文的创新点及对未来研究方向的展望

学位论文摘要的最后一部分，可以介绍学位论文所选研究对象存在的不足之处，及

思考相应的解决对策，也可以陈述学位论文的创新点，以及对未来相关研究的展望。

案例一：以《新华社"创意海报突击队"战疫海报的视觉修辞研究》摘要的最后一部分内容为例。这一部分介绍了新华社"创意海报突击队"在视觉修辞和意义表达等问题上存在的问题，并针对性地提出了解决方案。

> 此外，本文还在上述分析的基础上，从视觉修辞符号及修辞策略两方面对新华社"创意海报突击队"战疫海报的问题进行了分析，认为其在视觉修辞符号使用上存在疫情科普讯息匮乏、文字符号编排重点不突出、元素搭配前后不一致的问题。在视觉修辞策略上存在图像符号隐喻意义模糊难懂，以及色彩符号强对比导致视觉疲劳的问题，并提出要注重科普讯息传递、依据视觉规律合理化编排文字、做好海报整体性统筹规划、运用受众熟悉的图像象征符，以及利用色彩调和保持对比和谐的针对性优化策略。

案例二：以《儿童绘本中的性别呈现与表达——基于对"丰子恺儿童图画书奖"获奖作品的符号学分析》摘要的最后一部分为例。这一部分介绍了目前儿童绘本中性别呈现的三条优化路径，并对未来儿童正确性别观念的培养进行了展望。

> 然而，随着社会的不断发展，传统的两性印象在很多方面已经不符合社会发展现状。因此，在未来的绘本编排及作品评选方面，研究者提出了以下三条优化路径：①秉承公正平等性别理念，引领社会角色和身份回归真实；②促进儿童性别观念"双性化"发展；③优化传播媒介中社会性别的评估和监测体系。在培养儿童树立正确性别观念的同时，要避免过度的性别规范化教育，以此来推动性别平等化进程和社会性别秩序的良好运行。

三、中文摘要的写作规范

《中南财经政法大学研究生学位论文撰写规范》中对摘要提出了明确的写作规范。

> 中文摘要应概括地反映出本论文的主要内容，包括工作目的、实验研究方法、研究成果和结论，重点是本论文的创造性成果。摘要中不得出现图片、图表、表格或其他插图材料。摘要是一篇完整的短文，可以独立使用。中文摘要力求语言精练准确，其中，硕士学位论文摘要1000字左右。博士学位论文摘要3000字左右。

除了上文提到的几点要求，中英文摘要写作过程中还需要注意以下几点。

（一）陈述论文内容，避免对论文内容做评价

摘要写作的第一个误区在于，部分学位论文撰写者认为在摘要中对论文核心内容进行评价，能够帮助读者更好地理解论文内容，也更能体现作者的学术研究能力。然而，需要注意的是，摘要是对论文梗概内容的提炼、梳理和总结，因此，在写作上，应以精练的、准确的、简洁的陈述性语言为主，只需呈现论文的核心观点"是什么"，无须对其加以评价，应该把评价交给论文的阅读者。

（二）使用原创性语言，避免大量引用正文原文

摘要写作的第二个误区在于，部分学位论文撰写者认为既然摘要应以陈述性语言为主，于是就大量摘录正文原文，以体现其语言的"陈述性"特征。但事实上，陈述性语

言并不意味着原封不动地摘录原文，一方面，摘要的篇幅有限，对语言的精简性有较高的要求，另一方面，摘要更多的是对原文核心内容的提炼，而不只是摘录。因此，在摘要写作中，需要以原文为基础，使用原创性语言对原文进行凝练和升华，从而更好地呈现论文内容。

（三）使用学术语言，避免文学性修饰

摘要写作的第三个误区在于，部分学位论文撰写者习惯在摘要部分使用文学性语言。需要注意的是，虽然学位论文和文学作品都属于创造性工作，但是学位论文的写作明显不同于文学创作，它要求论文写作者使用更加严谨的、科学的、准确的学术语言，其中包括对专业现象的描述、专业术语的使用等。

（四）以短句为主，避免使用拗口长句

摘要写作的第四个误区在于，部分学位论文撰写者习惯在摘要写作中大量使用拗口的长句，认为这样更能体现出论文写作的学术性。其实，不只是学位论文的写作，这也是当前学术论文写作中普遍存在的问题。需要注意的是，学位论文的学术性应该是由专业的学术语言、科学的逻辑框架、严谨的学术论证、扎实的材料/数据、准确的结论等体现出的，绝非“拗口长句”能彰显的。

四、中文摘要翻译为英文摘要

学位论文的英文摘要由中文摘要直接翻译而来，不需要撰写者额外添加任何内容。需要注意的是，在英文摘要的翻译中，需要特别关注专业现象、专业术语、学术名词、权威学者的翻译，应该符合国际通用的翻译方法，不能随意翻译。

第二节 中英文关键词的提炼

摘要写作完成后，接下来的部分就是与之相应的中英文关键词的提取。那么，中英文关键词的存在有何意义，它的提炼标准又是怎样的？

一、中英文关键词的意义

《中南财经政法大学研究生论文撰写规范》中提出：

> 关键词是为了便于作文献索引和检索工作而从论文中选取出来用以表示全文主题内容信息的单词或术语。关键词在摘要内容后另起一行标明，一般3～6个，之间用“；”分开。

那么，中英文关键词存在的意义是什么？

中英文关键词的意义同中英文摘要的意义接近，主要体现在两个方面。

首先，中英文关键词能够简洁、准确、高效地提示出学位论文的核心内容。方便论文阅读者通过读取关键词便可对论文的研究主题和研究对象一目了然。

其次，中英文关键词也是重要的文献检索工具。在诸多数据库中，“关键词”可以作

为重要的检索项，供信息检索者检索、查找，因此，同中英文摘要一样，关键词中所含信息的丰富性和准确性在很大程度上可以直接影响到论文在数据库中被检索和引用的概率。

总之，做好中英文关键词的提炼工作十分重要。此外，值得注意的是，关键词的提炼过程也是一个帮助论文撰写者不断明确研究对象和研究问题的过程。因此，可以在论文开题、正文写作、论文修改的过程中，不断地思考、更新和明确论文的关键词。

二、中英文关键词的提炼原则

事实上，在写作实践中，许多同学都不太明白如何提取关键词：有的同学提取了错误的关键词，有的同学遗漏了重要的关键词，有的同学在关键词筛选中左右迟疑，不知如何取舍。那么，中英文关键词有哪些提取标准呢？

（一）中英文关键词应包括学位论文的核心研究对象（必选）

核心研究对象之所以必须出现在中英文关键词中，是因为研究对象能够反映出论文的核心研究着力点，决定了论文研究目标的设定、研究方法的选择、研究思路和研究框架的设计，以及最终研究结论的得出。只有在关键词中明确提及核心研究对象，论文阅读者和文献检索者才能较为清晰地了解论文究竟在研究什么。

比如，《新华社"创意海报突击队"战疫海报的视觉修辞研究》的核心研究对象是"新华社'创意海报突击队'"，因此，"新华社'创意海报突击队'"就必须出现在此论文的关键词中。再如，《网络"丧文化"的传播机制和引导策略研究——以网易云音乐评论区为例》的核心研究对象是"网络'丧文化'"，那么，"网络'丧文化'"就必须出现在此论文的关键词中。又如，《儿童绘本中的性别呈现与表达——基于对"丰子恺儿童图画书奖"获奖作品的符号学分析》的核心研究对象是"儿童绘本"，那么"儿童绘本"就必须出现在此论文的关键词中。

（二）中英文关键词应包括学位论文的研究理论/视角（必选）

学位论文中使用的研究理论或研究视角是评价该学位论文理论水平的重要指标，也是学位论文撰写者学术素养和理论素养的重要体现。此外，文献检索者也希望以特定理论为"关键词"来检索相关的研究文献。

比如，《新华社"创意海报突击队"战疫海报的视觉修辞研究》中所用的研究理论和研究视角是"视觉修辞"，因此，"视觉修辞"就必须出现在关键词中。再如，《网络"丧文化"的传播机制和引导策略研究——以网易云音乐评论区为例》的研究理论和研究视角是"青年亚文化"，那么，"青年亚文化"就应该出现在关键词中。又如，《儿童绘本中的性别呈现与表达——基于对"丰子恺儿童图画书奖"获奖作品的符号学分析》的研究理论和研究视角是"符号学"，那么"符号学"就必须出现在关键词中。

（三）中英文关键词应包括学位论文的研究问题

如上文所言，学位论文中研究问题的明确可以帮助学位论文撰写者进一步明确自己的研究边界，清晰自己的研究范围和研究对象，从而从根本上提高学术论文写作中的可操作性。因此，学位论文中需要核心解决的研究问题也应该出现在关键词中。

比如《网络“丧文化”的传播机制和引导策略研究——以网易云音乐评论区为例》的研究问题是网络“丧文化”的“传播机制”和“引导策略”，那么，“传播机制”和“引导策略”就应该出现在关键词中。《儿童绘本中的性别呈现与表达——基于对“丰子恺儿童图画书奖”获奖作品的符号学分析》的研究问题是儿童绘本中的“性别呈现”与“性别表达”，那么“性别呈现”和“性别表达”就应该出现在关键词中。

当然，在关键词的提取过程中，有的同学也会发现，论文的研究问题恰好与论文所使用的研究理论和研究视角重合。如果遇到这种情况，只需将研究理论和研究视角作为关键词即可。

比如，《新华社“创意海报突击队”战疫海报的视觉修辞研究》中所用的研究理论和研究视角是“视觉修辞”，而其研究问题恰好也是战疫海报的“视觉修辞”，因此，“视觉修辞”既可以作为研究理论出现在关键词中，也可以作为研究问题出现在关键词中。

（四）若学位论文使用了具体个案，则中英文关键词应包含该个案

个案的使用，在学位论文写作中是较为普遍的现象。学位论文撰写者通过使用具体的个案，达到聚焦研究对象、明确研究问题等目的。因此，如果学位论文中使用了具体的个案，那么，中英文关键词中应尽量包含该个案。

比如，《网络“丧文化”的传播机制和引导策略研究——以网易云音乐评论区为例》中使用了“网易云音乐”这一个案，那么，“网易云音乐”就必须出现在关键词中。又如，《儿童绘本中的性别呈现与表达——基于对“丰子恺儿童图画书奖”获奖作品的符号学分析》中所用的个案是“丰子恺儿童图画书奖”的获奖作品，那么“丰子恺儿童图画书奖”就应出现在关键词中。《华为危机事件的议题管理研究——基于危机传播视域的“心声社区”分析》一文所用的个案是“华为心声社区”，所以，“心声社区”应出现在关键词中。

（五）若学位论文使用了需要特别强调的研究方法，则可将其放入关键词中

任何学位论文的写作都需要使用特定的研究方法，部分论文只需使用一种研究方法，而大多数论文则需要使用多种研究方法。需要提醒的是，不是所有的研究方法都必须提炼为关键词。学位论文撰写者只需要将核心的，或者较为特殊的、需要特别强调的研究方法放入关键词中，以突出该研究方法的重要性，同时，也方便文献检索者通过关键词进行相关研究方法的信息检索。

三、案例解析

案例一：

论文题目：《新华社“创意海报突击队”战疫海报的视觉修辞研究》

中文关键词：新冠肺炎；新闻海报；新华社“创意海报突击队”；视觉修辞

英文关键词：COVID-19；news posters; "creative poster commando" of the Xinhua News Agency; visual rhetoric

案例二：

论文题目：《儿童绘本中的性别呈现与表达——基于对“丰子恺儿童图画书奖”获奖作品的符号学分析》

中文关键词：符号；“丰子恺儿童图画书奖”；儿童绘本；性别呈现；性别意义

英文关键词:symbol; "Feng Zikai Children′s Picture Book Award"; children′s picture books; gender presentation; gender meaning

案例三:

论文题目:《网络“丧文化”的传播机制和引导策略研究——以网易云音乐评论区为例》

中文关键词:网络“丧文化”;网易云音乐;青年亚文化;传播机制;引导策略

英文关键词:“mourning culture”on the Internet; NetEase CloudMusic; youth subculture; communication mechanism; guiding strategy

案例四:

论文题目:《华为危机事件的议题管理研究——基于危机传播视域的“心声社区”分析》

中文关键词:危机传播;华为危机事件;议题管理;“心声社区”

英文关键词:crisis communication; Huawei crisis; issue management; Voice Community

本章小结

中英文摘要和关键词是学位论文的重要组成部分,对于概括论文核心内容以及文献信息检索有着重要意义。新闻传播学研究生学位论文的中英文摘要的结构应包括以下几个方面内容:首先,简单介绍选题背景以凸显题目的意义;其次,介绍研究目的、研究需要解决的问题、研究方法的执行;再次,介绍通过上述方法在多大程度上解决了研究问题,获得了哪些核心的结论;最后,介绍论文研究对象存在的问题及解决对策,或者论文的创新点及对未来研究的展望。在写作过程中,中英文摘要应该陈述论文内容,避免对论文内容做评价,同时,应使用原创性语言和学术语言,避免大量引用正文原文和过度的文学性修饰。在行文上,以短句为主,避免使用拗口的长句。中英文关键词应包括学位论文的核心研究对象、研究理论/视角和研究问题,若学位论文使用了具体个案或需要特别强调的研究方法,则中英文关键词也应包含该个案或研究方法。

第八章　新闻传播学研究生学位论文的正文写作

正文是学位论文的主体和核心部分，因此需要学位论文撰写者予以充分的重视。一般而言，学位论文从绪论（或导论）开始，以结论（或研究总结）结束，整体主要分为三大部分：绪论、本论和结论。本章将依次对各部分的写作规范进行介绍。

第一节　绪　　论

绪论，也可称为导论，是学位论文正文写作的第一部分。一般而言，绪论需要包含研究缘起与选题背景、选题的理论和实践意义、文献综述、研究方法、研究思路、研究创新点与不足六个部分。

一、研究缘起与选题背景

选题缘起与选题背景意在告知学位论文阅读者，学位论文者在怎样的背景下、出于什么目的选择将某个特定主题作为自己的学位论文选题。事实上，这一方面也是开题答辩和论文答辩环节中，答辩老师们重点关注的问题，若答辩老师认为学位论文撰写者在论文中没有较好地阐述清楚选题缘起与选题背景，便会在提问环节再次展开提问，常见的提问方式有："为什么选这个题目？""能再解释一下选题缘由吗？"等。因此，阐明选题缘起与选题背景是非常重要的。

一般而言，学位论文撰写者可从时代环境与政策背景、媒体/传播事业发展现状、学术发展趋势等方面入手，来介绍论文的研究缘起与选题背景。

（一）时代环境与政策背景

受新闻传播行业意识形态属性的影响，新闻传播学研究生学位论文的选题受时代环境和政策背景的影响是非常大的，这一特征也使得新闻传播学学科明显区别于其他许多人文社会科学。国家新出台的某项政治政策、经济政策、文化政策、宣传政策、舆论政策、媒体管理政策等，都足以影响到新闻传播事业的发展，这些政策自然也可以成为新闻传播学研究生学位论文选题的重要动因。

比如，2013 年国务院办公厅下发了《关于进一步加强政府信息公开回应社会关切提升政府公信力的意见》，2018 年底再次出台了《关于推进政务新媒体健康有序发展的意见》，并提出了新的发展目标：

> 到 2022 年，建成以中国政府网政务新媒体为龙头，整体协同、响应迅速的

政务新媒体矩阵体系，全面提升政务新媒体传播力、引导力、影响力、公信力，打造一批优质精品账号，建设更加权威的信息发布和解读回应平台、更加便捷的政民互动和办事服务平台，形成全国政务新媒体规范发展、创新发展、融合发展新格局。

在这一政策推动下，近年来，许多研究生便选择以“政务新媒体”“县级政务新媒体”“融媒体矩阵”“新媒体的四力”等主题作为学位论文的选题，以此响应国家政策，并为国家政策的进一步落地提供学术支持。

（二）媒体/传播事业发展现状

众所周知，新闻传播事业的发展是日新月异的，不断变化着的新闻传播行业也为新闻传播学研究生学位论文提供了充足的选题来源。将媒体/传播事业的发展现状，或者新鲜的新闻传播事件作为研究缘起与选题背景，是新闻传播学研究生学位论文写作中较为常见的现象。媒体/传播事业的发展现状，既可以是关于新的媒介技术造成的生产方式、传播方式、信息接收方式的改变，也可以是某一件引发了舆情的新闻事件或新闻现象。

（三）学术发展趋势

学术发展趋势也是研究生学位论文研究缘起的重要动因。一方面，一段时间内学术界普遍关注的问题往往是那段时间内的学术焦点，是学术共同体希冀解决的前沿学术问题，因此，能够为论文选题的学术合法性提供依据。另一方面，学术界相对集中的研究成果能够为学位论文的写作提供充足的资料、方法、理论甚至是思路方面的参照，从而为论文选题的可操作性提供依据。

需要注意的是，学位论文撰写者在介绍完研究缘起与选题背景之后，应该顺势而为，借机引出该选题的理论或实践意义，也即通过介绍选题动因及背景告知读者：本论文正是为了解决学界当前遇到的某种难题而进行的学术创作活动，并非空穴来风、无病呻吟。尽管这一部分的写作不需要很大的篇幅，但却能恰到好处地体现研究缘起与选题背景写作的意义和价值。

比如，在《网络“丧文化”的传播机制和引导策略研究——以网易云音乐评论区为例》一文的研究背景部分，为引出网络“丧文化”这一研究主题，作者首先介绍了社会、经济、文化等时代背景，在这一背景之下，青年人的生活和工作压力日渐增大，表现出极强的“无力感”。

> 改革开放四十余年以来，我国社会面貌发生了多方面的变化，社会经济发展势头迅猛，中外文化交流日益频繁。在各类因素的影响尤其是经济发展水平不断攀升的环境下，我国社会已经进入转型期，随之而来是各种全新的社会问题，如房价等生活成本过高、教育资源分配不协调、就业市场不景气等。这些问题极易影响到青年群体的心理状态和生存状况，他们在不满足于现实却又无力改变现实的挫败感下，经常表现出迷茫无措的状态和选择性逃避的做法。

随后，作者介绍了当下的媒体发展状况，以及在这样的媒体发展状况下青年群体的话语状态，并介绍了新的媒介现象：青年亚文化逐渐成为媒体关注的焦点，从而为论文选题的必要性和急迫性提供了有力佐证。

> 与此同时，近些年来以微博、微信、抖音等为代表的社交媒体异军突起，青年群体在互联网技术的赋权下占有了较以往更多的话语权，成为参与社会文化创造的更具影响力的新生力量，青年亚文化的发展也由此进入新阶段、焕发出新活力，成为社会大众和各类媒体关注的热点。

最后，作者引入"网络'丧文化'"这一核心主题，并结合时代背景、媒体发展状况分析了网络"丧文化"的发展劲头和负面影响，借以突出对网络"丧文化"加以适度引导的必要性。

> 在此背景下，网络"丧文化"逐渐在青年群体中流行起来，并开始进入公众的视野。从前几年的"葛优躺""人间不值得""生而为人，我很抱歉"等话语的走红，到现在"单身狗""打工人""内卷"等词汇在社交媒体上的流行，越来越多的青年人选择在网络空间中表达自己的"丧"。近几年来，网络"丧文化"现象的影响力因时而增，成为青年群体中的"潮流"，其话语体系和表达形式也随着媒介技术的进步和媒介种类的增加而日渐丰富。随着对"丧文化"认知的不断清晰，其标签也不再是当初主流媒体所定义的"精神毒药""精神鸦片"等极端负面化的词语，不再仅仅作为被严肃批判的对象。但网络"丧文化"以其多元的表现形式，如表情包、丧段子、丧音乐等，在独特的传播机制作用下，对青年群体产生了不可忽视的影响，必须适时加以引导，防止其成为带有错误导向的网络狂欢。

二、选题的理论和实践意义

选题的理论和实践意义，意在将学术论文所选主题放置到特定的学术发展体系中，明确该选题在学术坐标系中的位置，从而凸显其对所在学术领域的理论贡献。同时，将论文放置到社会、文化新闻传播实践活动中，以期彰显该选题在解决现实问题上存在的价值。一般而言，博士学位论文和学术型硕士学位论文对理论意义的要求更高，而专业型硕士学位论文则对实践意义的要求更高。

(一)选题的理论意义

新闻传播学研究生学位论文撰写者在描述选题所具备的理论意义层面切忌过于宏大，诸如，"填补理论空白""推动理论发展"等表达必须谨慎使用。事实上，任何学术领域的理论发展都是缓慢、细微且艰难的。大多数研究生学位论文在实际情况中无法真正实现理论层面的重大突破。那么，撰写者该如何操作呢?

1.为特定领域的研究提供了新的研究对象，丰富了该领域的研究个案

比如，《新冠肺炎疫情下斯洛伐克〈真理报〉中的中国国家形象分析》一文中的理论意义是如下呈现的。

> 国内学者对中国国家形象的研究对象多为美国、英国等欧美发达国家的媒体，对斯洛伐克等中东欧国家关注不够，与之相关的中文文献更是少之又少，成为国内学术研究的一个真空地带。因此，从斯洛伐克传媒的角度探索中国形象可以增加对斯洛伐克研究的成果。

2. 为特定领域的研究提供了新的研究视角，拓展了该领域的研究边界

比如，《成人儿童化行为背后的意义生产——以对小猪佩奇的消费为例》一文中的理论意义是这样呈现的。

> 理论方面，目前国外对成年标准和成人儿童化的研究较多，而国内对该领域的研究刚刚起步。本研究将相关研究纳入当下中国语境进行验证考察，具有一定的本土化与时新性。其次，研究从年轻人自身的视角出发，对他们观念中的“儿童化”进行设问，对该类问题原有研究存在一定的补充和探讨。

（二）选题的实践意义

相较于理论意义，研究生学位论文选题实践意义的提炼、总结和撰写相对容易。学位论文撰写者可以从以下几个方面展开。

1. 为更加深入地了解、认识某一具体问题提供参照

比如《新冠肺炎疫情下斯洛伐克〈真理报〉中的中国国家形象分析》一文中关于“实践意义”是这样呈现的。

> 本项研究的重要意义在于帮助我们了解新冠肺炎疫情期间期洛伐克眼中的中国形象。笔者认为，了解这种“中国形象”的塑造过程以及出现这种形象的原因，对于打破历史偏见、还原中国真实形象起着十分重要的作用。分析新冠肺炎疫情期间斯洛伐克媒体对于中国国家形象的建构也能反映出中国对斯传播中出现的新问题和新挑战。

2. 为某一具体存在的问题提供优质的解决方案

比如《成人儿童化行为背后的意义生产——以对小猪佩奇的消费为例》一文中关于实践意义是这样呈现的。

> 现实价值方面，青年文化不只属于青年人，更与整个社会的发展密切相关。文化研究学者霍尔曾说过，青年文化最能够反映社会变化的本质特征。对于青年文化的研究必然会涉及成人社会对于未来社会的理想期待和想象。本研究从成年人对小猪佩奇的消费和追捧入手，通过对当下年轻人普遍存在的错位消费现象进行调查与分析，不仅可以在快速发展的时代进程中帮助中国的成年人了解年轻一代，从而为他们提供更多的帮助与指导，更好地完成自我同一性的探索，也可以帮助年轻人在走向成人的过程中，面对不断变化的社会环境和可能遭受到的质疑，更好地理解自身所处的发展阶段，形成良好的自我认知，即，帮助社会了解年轻人，帮助年轻人认识自己。

三、文献综述

（一）文献综述的内涵与功能

1. 文献

文献，是通过一定的方法和手段、运用一定的意义表达和记录体系，记录在一定载体上的有历史价值和研究价值的知识。文，是文本记载；献，就是口头相传的。人们通常理解的文献指的是图书、期刊、典章所记录的知识的总和。文献是记录、积累、传播和

继承知识的最有效手段，是人类社会活动中获取情报的最基本、最主要的来源，也是交流传播情报的最基本手段。

文献主要具备两点特征。

第一，文献是人们获取知识的重要媒介。文献是人类文化发展到一定阶段(具有可记录的内容与记录的工具、手段)的产物，并随着人类文明的进步而不断发展。人类认识社会与自然界的各种知识的积累、总结、贮存与提高，主要是通过文献的记录、整理、传播、研究而实现的。文献能使人类的知识突破时空的局限而传之久远。

第二，文献的内容反映了人们在一定社会历史阶段的知识水平。文献的存在形式(诸如记录手段、书写材料、构成形态与传播方式等)，受到当时的社会科技文化发展水平的影响与制约。例如在纸发明以前，我国的古人只能在甲骨、简牍、缣帛上做记录；在雕版印刷发明以前，古人只能凭手工抄写来记录文献。然而，正是在文献的初级原始阶段经验积累的基础上，才发明了纸与雕版印刷术，使文献的记录方式更为便利，传播的范围更广、速度更快。人们从文献中汲取、利用知识贡献于社会，从而极大地推动了社会文明的发展。由此可见，社会的生产力发展水平决定了文献的内容与形式，而文献的继承、传播与创造性的运用，又反作用于社会，成为社会向前发展的重要因素。

2. 文献综述

文献综述，英文对应词汇为“literature reviews”。它的定义是多种多样的，最早的定义来自 Mauch 和 Brich，他们认为，文献综述是学者对于特定领域进行的一个虚构的、宽泛的、专业的讨论，是对该领域内已有的重要文献、作者和关键概念的综合。而最正式、最官方的定义来自美国心理学会：文献综述，即研究的综述和分析，是对已经发表的相关材料的批判性评价。通过组织、整合和评估以前发表的材料，文献综述的作者向读者展示某一问题的研究进展。从某种意义上说，文献综述是一种指导，因为作者可以通过它，梳理特定领域的研究历史和现状，发现已有研究存在的矛盾、差距和不一致之处，并提出解决问题的策略。

总之，文献综述是在对某一学科、专业或选题的相关文献进行阅读、选择、比较、分类、分析和综合的基础上，研究者用自己的语言对某一问题的研究状况进行综合叙述的情报研究成果。文献综述的特点在于“综”和“述”，“综”，强调的是对大量文献的综合、归纳和提炼，而“述”则强调对综合、归纳和提炼过后的文献进行客观、全面的评价，表达作者对文献的理解和看法，并能够从中发现自己想要研究问题的已有基础和在此基础上进行创新的可能性。对过往研究文献的搜集、整理、综合、归纳、提炼和评价将为学位论文的撰写奠定良好的基础。

文献综述需要梳理的内容包括：研究过本学位论文所涉及的相关议题的国内外学者；这些学者的研究成果；学者的研究成果涉及的具体问题；这些学者使用了哪些研究思路和研究方法，以及得出了哪些研究结论，等等。

3. 文献综述的功能

那么，为什么要做文献综述？为什么要对前人的相关研究进行梳理？许多同学认为文献综述只不过是完成“开题”的一个必要环节，因此，往往会出现“为文献综述而文献综述”的现象。那么，文献综述的真正意义应该是什么，它应该得到怎样的重视？简单而言，文献综述的主要功能就在于对前人的理论和实践经验进行整理和评价，为学位论文撰写者自身的研究方案提供研究资料、方法和思路支持。

第一，为学位论文撰写者提供综合的、全面的参考资料。

好的文献综述要求学位论文撰写者高度概括并且全面梳理相关文献，这一过程能够帮助学位论文撰写者在较短时间内对即将研究的学术领域的国内外研究历史和现状有一个宏观的把握，使其对该领域内的权威学者、权威文献有充分的认识，一方面增加学位论文撰写者关于该研究主题的知识存量，另一方面也为其写作过程中的文献引用提供必要的资料支持。

第二，为学位论文撰写者提供有价值的方法和思路参考。

好的文献综述要求学位论文撰写者对相关研究中所使用的研究方法和研究思路做较为全面的梳理，从而帮助其在论文写作过程中选择较为科学、可操作性更强的研究方法，在研究思路设定和研究框架的搭建上，有更为清晰的认知。

第三，为学位论文奠定创新基础和参照系。

许多同学表示，在撰写学位论文的"创新点"时，根本没有底气说自己的论文在哪些方面实现了创新："我都不知道别人研究了什么，怎么确定我研究的内容是别人没有研究过的？"事实上，如果文献综述做到位，我们就可以清楚地知晓某一研究领域的研究前沿是什么，前人对它的研究到了哪种程度，研究现状是否存在一些缺陷、不足和值得进一步完善的地方。如果把这些问题理清了，那么便可以从研究现状的缺陷、不足和值得完善的地方入手，在前人的基础上寻求新的突破。这样便可以使自己的研究具有创新性，也能够为这一研究领域做出"边际贡献"。

（二）文献综述的基本构成

一般而言，文献综述包括引言、正文、结语三个部分。其中正文又可划分为"述"和"论"两个部分。

1. 文献综述的引言

文献综述的引言部分大致需要呈现如下内容：首先，文献检索的流程与筛选标准；其次，撰写文献综述的原因和意义；最后，文献综述的要点，即从哪几个方面入手撰写文献综述。引言的主要价值在于引出文献综述的正文，并介绍文献综述的整体思路，使读者在阅读之初即可了解文献综述的大致内容。

2. 文献综述的正文

文献综述的正文是文献综述的主要内容，它由如下几个部分组成。首先，对所研究领域的学术发展史进行梳理，主要包括重要概念和理论的发展史、重要学术流派，或学术共同体的发展史、研究范式和研究方法的发展史等。其次，所研究领域的学术发展现状，主要包括该领域内当前活跃的权威学者、权威成果、常用理论、常用方法、基本结论等方面。再次，过往研究已经解决的问题和尚未解决的问题。已经解决的问题，可以成为未来研究的基础，而尚未解决的问题则是寻找学位论文创新点的重要突破口。最后，预判该研究领域的未来发展趋势，以便于研究者寻找新的切入点和可能的学术创新。

需要特别注意的是，文献综述绝不是简单地文献堆积和罗列，除了详细列出重要学者、权威成果、基本结论等内容外，还需要对这些内容加以评述。一方面，要将林林总总的文献进行筛选、归类，寻找文献之间的共性与差异性；另一方面，要对过往研究所使用的方法、样本、案例得出的结论进行评价，总结出好的、值得借鉴的地方，并在自己的学位论文中加以使用，而对于过往研究中做得不够好的地方，则需要注意避免问题。只有这样，做出来的文献综述才是有价值的。

3. 文献综述的结语

文献综述的结语是对文献综述正文部分的总结和升华，帮助读者对该综述有更加深入的认识。此外，在结语部分，学位论文撰写者还需要明确提出自己的研究对象、核心解决的问题、解决问题的思路与方法等。文献综述的结语在整个文献综述中发挥着点睛之笔的作用。

（三）文献综述的程序及方法

1. 确定文献综述的主题

文献综述的第一个程序是确定我们将要对哪个或哪几个主题进行综述，即需要明确哪些主题是我们需要重点梳理的问题。在此环节中，较为高效的操作方法如下：明确学位论文的核心研究对象，并依据研究对象确定文献综述的主题；关于新闻传播学研究生学位论文的研究对象，前文已有所提及。研究对象可以是一家媒体，也可以是媒体的某个栏目，或某一类报道；可以是某个新闻事件，或某一类新闻事件；可以是某个/某群媒体从业人员，也可以是某个新型的媒介技术等。除了特定的研究对象之外，一般还需要使用一个（或多个）基础理论。另外，有些学位论文还需要明确研究对象所处的时代背景，比如“新媒体时代”“智能媒体时代”“数字媒体时代”“社交媒体时代”“媒介融合时代”等。一般而言，一个完整的学位论文包括一个明确的研究对象、一个理论和/或一个时代背景。

案例一：以《新华社“创意海报突击队”战疫海报的视觉修辞研究》为例。

该论文的核心研究对象是“新华社‘创意海报突击队’战疫海报”，所用理论是视觉修辞理论。文献综述主题可以从四个方向入手：①新华社的疫情报道；②海报与新闻海报；③疫情期间的新闻海报；④视觉修辞。因此，该学位论文的文献综述至少可以从以上四个方向入手进行撰写。其中，①和③属于业务实践范畴的主题，而②和④则属于理论范畴的主题。

案例二：以《网络“丧文化”的传播机制和引导策略研究——以网易云音乐评论区为例》为例。

该论文的核心研究对象为“网易云音乐评论区”和“网络‘丧文化’”，所用理论为亚文化理论。因此，文献综述的主题可以从四个方向入手：①网络云音乐及其评论区；②音乐社交；③亚文化与青年亚文化；④网络“丧文化”及其传播与引导。其中，①和②属于实践范畴的主题，③和④属于理论范畴的主题。

案例三：以《儿童绘本中的性别呈现与表达——基于对“丰子恺儿童图画书奖”获奖作品的符号学分析》为例。

该论文的研究对象分为三个：“丰子恺儿童图画书奖”获奖作品；儿童绘本中的性别呈现与表达；所用理论为符号学理论。因此，该论文的文献综述的主题可以从三个方向入手：①“丰子恺儿童图画书奖”；②儿童绘本中的性别呈现与表达；③符号学理论在儿童绘本研究中的使用。

2.检索和筛选综述所需的文献

(1)参考相关论文的文献综述。

许多同学在撰写文献综述的过程中,会产生一些疑问:对所选主题的核心研究成果和权威学者知之甚少,不知道该按照怎样的逻辑检索文献。针对这一问题,有一个相对高效的文献搜集方法。具体步骤如下。

a.将自己拟定的论文题目输入相关论文数据库,如中国知网博士学位论文数据库,进行“标题”(若标题检索为0,则使用“主题检索”或“关键词”检索)检索。检索到与研究主题最为接近且研究年限最新的博士学位论文。

b.跳转到该博士论文的“文献综述”部分,查阅在某一特定研究领域,作者综述了哪些典型的研究成果、权威的研究者和其代表性观点。主要原因在于已经发表的学位论文,尤其是博士学位论文,对文献综述的要求非常高,论文撰写者必须对相关研究领域的文献进行充分的、较为全面的梳理、分类和评述。通过该博士学位论文的综述,可以帮助即将撰写文献综述的研究者较为高效、快速地了解更多有效文献。

c.在充分了解特定研究领域相关文献的基础上,对文献进行筛选,且找到文献原文认真阅读,梳理文中观点,并对该观点展开独特的评述。

当然,这一方法在具体使用过程中,也需要注意一些问题。

a.借鉴的意义在于较快速地了解特定研究领域的经典文献和权威学者大致有哪些,但并不意味着可以直接抄袭他人的文献综述成果。具体的文献分类、观点梳理和文献述评应该建立在充分阅读文献原文的基础上开展。

b.学位论文的质量参差不齐,无法保证都有高质量的文献综述,因此,学位论文撰写者在文献检索过程中须保持理性的、批判的态度,取其精华、去其糟粕。

c.每一篇独立的学位论文,在其研究对象、研究理论、研究方法、研究视角等方面都有着鲜明的特性,因此,几乎不存在两个研究主题完全一致的学位论文(如果存在,那就证明该选题的创新性为零),这就使得这一方法存在一定的局限性,需要学位论文撰写者通过其他途径进行经典文献、最新文献等的增补。

(2)“滚雪球”式文献扩容。

如上文所言,目前已有的学位论文的文献综述是存在一定局限性的,因此,在通过参考其他学位论文的文献综述,并对经典文献及基础文献进行了充分了解后,学位论文撰写者还需要对更多的研究文献进行“滚雪球”式的文献扩容,主要有以下几个途径。

a.认真阅读经典文献和基础文献,再次筛选该文献中提及的与研究主题相关的二级或三级、四级……N级文献,尽最大限度丰富研究过程中所需的文献。

b.在经典文献和基础文献的阅读中,确定该研究领域的权威学者,然后搜集该学者的其他研究成果,从中搜集与学位论文研究主题相关的文献资料。

c.另外,新闻传播学领域研究对象的特殊性还要求学位论文撰写者时刻关注不断发生和变化着的诸多新闻事件和传播现象,乃至与此相关的新闻评论等衍生作品。

3.案例分析

案例:以新闻传播学硕士学位论文《张季鸾与托马斯·巴恩斯新闻思想比较研究》为例。

该论文的核心研究对象为《大公报》的主编辑张季鸾和《泰晤士报》的主编辑托

马斯·巴恩斯,并在一定维度上对二者的新闻思想进行比较。在文献综述环节,研究者将“张季鸾”和“托马斯·巴恩斯”作为关键词在知网进行检索,检索结果为0,也就意味着当时在知网范围内尚没有直接的研究成果。

随后,研究者又以“张季鸾”为关键词进行检索,发现了多篇硕士学位论文,比如《张季鸾办报思想探析》《报人张季鸾及其社评研究》《张季鸾自由主义新闻思想研究》《国家中心论的现实意义 ——张季鸾评论思想研究》等,同时还有多篇新闻传播学权威期刊上发表的关于张季鸾的研究论文,比如《揭密张季鸾的秘使身份》《报业巨星张季鸾先生》《自由主义职业报刊理念的探寻与游移——张季鸾新闻思想述评》《快捷、朴实、犀利、透辟——简论张季鸾撰写的〈大公报〉社论特色》《〈报人张季鸾先生传〉史实考订》等。通过这些论文中的文献综述,研究者对张季鸾相关研究的文献状况有了基本的了解。使用同样的方法,研究者又对托马斯·巴恩斯、《大公报》和《泰晤士报》的相关研究论文进行了检索,对相关研究论文文献综述中直接提及的典型文献的原文进行了查阅和梳理。

此后,研究者又根据此前学术论文中出现的与经典文献有间接关系的其他文献,比如档案、书籍、报纸等资料进行了“滚雪球”式的查漏补缺,进一步扩大搜集文献的覆盖面。值得一提的是,当时国内关于托马斯·巴恩斯的一手研究资料非常少,通过查阅文献,研究者发现中国国家图书馆有一本关于托马斯·巴恩斯的英文原著,由于没有电子版资源,所以研究者拜托北京的同学去国家图书馆复印了该书并邮寄到武汉,从而为论文写作提供了较为翔实的一手资料。此外,为了最大限度地获取文献,研究者除了对《泰晤士报》进行详细的文献检索之外,还对英国报业发展史、英国史等相关文献也进行了充分的梳理和考察,以期从零零散散的二手资料中提炼出关于托马斯·巴恩斯相关的文献。

最后,在对张季鸾和托马斯·巴恩斯的相关文献进行整理的过程中,研究者开始思考应该从哪种视角或维度入手对二者进行比较研究。在大量的文献阅读后,研究者发现,二者对于言论自由、媒体与现代化、媒体与国家公权力之间的关系等问题都有所关注,因此,研究者又对“新闻自由”“媒体与现代化”“媒体与国家公权力”等主题进行了文献梳理,以期从理论层面为学位论文的撰写奠定基础。

(四)确定文献综述思路与框架

许多同学在文献搜集工作结束后便开始急匆匆地着手撰写文献综述,却忽视了一个重要的环节——综述思路和框架的思考与确定。为什么要格外强调这一点呢?因为,综述思路和框架可以在很大程度上影响文献综述的整体结构和总体质量,甚至影响整个学位论文的研究框架。

那么,该如何确定综述思路与框架呢?一般而言,文献综述可以分为四类,不同类型的文献综述,需要不同的思路与框架。

1.以学术发展史为主线的综述

以学术发展史为主线的综述是较为常见的文献综述方法。该方法主要以特定研究领域的学术发展时间为主线,将该领域的学术演进视作一个不断发展的历史,根据特定时间节点将该历史进程划分为几个不同的阶段,并总结和归纳出不同阶段的不同特征。这种文献综述法的优点在于能够在有限的篇幅内,较为清晰地呈现特定研究领域的学术发展脉络，帮助读者在充分掌握特定研究领域的整体发展史的基础上，进一步了解其内部发展阶段的特征。更为重要的是，学位论文撰写者可以将自己的研究放置到整个学术发展史坐标系中，借以呈现自己的研究的学术意义和研究价值。

案例：以《新冠肺炎疫情下斯洛伐克〈真理报〉中的中国国家形象分析》为例，论文中的国外研究综述便是采用了这种文献综述法。

文章研究的是"中国的国家形象"，因此，在文献综述中，从国内、国外两个视角重点呈现了"国家形象"的相关研究，在国外的"国家形象"研究综述中，研究者将其划分为三个不同的历史发展阶段，并分阶段进行了综述：国家形象是随着主权国家的出现而出现的；国家形象的研究也随之产生；相关研究最早萌芽于两次世界大战期间。一些学者受政府的委托，开始关于国家形象方面的研究，比如拉斯韦尔的"战时宣传研究"等。但是这一时期的研究多从国际关系角度展开，成果较为分散，学者们常常使用"声誉""威望"等与形象相似的词语替代。二战结束后受"冷战"思维的影响，美、苏两大阵营互相利用宣传画等各种形式抹黑对方、美化自己，用以服务本国的政治目的，对国家形象的研究开始涌现出并渐成系统。相关研究主要涉及几个方面：揭示国家形象的重要性；对国家形象理论的研究；从不同角度对国家公众形象的形成、发展、变化及其影响进行研究。而在全球化的今天，国家形象的研究被列入国际传播研究领域，学者们对全球化进程中国家形象的跨国及传播与媒介占有、传播与全球化的相互关系和相关作用等角度展开研究。在国内"国家形象"的研究综述中，研究者同样使用时间线性处理方法，认为中国的"国家形象"研究始于20世纪末期，到2006年相关研究大量涌现，且整体呈现出上升发展趋势。20世纪90年代到21世纪初的十年间，国内对"国家形象"的研究处于起步阶段。21世纪以来，中国的"国家形象"研究进入蓬勃发展期，研究更为深入，方法更为多样。中国的"国家形象"研究主要分为以下几类：从单个新闻事件中分析中国形象；研究一家或多家媒体一定时期内的涉华报道；探究特定背景下塑造国家形象的策略等。

2.分类性综述

分类性综述主要以特定研究领域的学术发展类别为主线，将该领域的学术发展视作一个包含了诸多种类的整体，根据不同的特征梳理出不同的研究类型。这种文献综述法的优点在于能够较为清晰地呈现特定研究领域的学术发展脉络，帮助读者在充分掌握特定研究领域的整体发展史的基础上，进一步了解其内部发展阶段的特征。

案例：以新闻传播学博士论文《毛泽东的宣传谋略研究》为例。

该论文分别从"谋略""毛泽东的谋略""毛泽东的宣传思想""毛泽东的宣传谋略"四个主题入手进行了文献综述，四个主题均采用分类综述法。以"谋略"和"毛泽东的宣传思想"两个主题为例，首先，关于"谋略"的研究，作者认为过往研究可以分为：①谋略学基础理论概述；②"工具书"式的谋略学典籍；③谋略家研究；④某一典籍(尤其是中国古典书籍)的谋略研究；⑤政治谋略、军事谋略、经济谋略、管理谋略、策划谋略等谋略学研究；⑥谋略学与其他学科(如文化学、公共关系学等)的交叉研究。其次，关于"毛泽东的宣传思想"的研究，可以分为：①毛泽东的宣传思想的综合研究；②毛泽东的宣传思想的专题研究；③毛泽东的宣传思想的断代研究；④毛泽东的宣传思想与其他人物的新闻、宣传思想的对比研究；⑤毛泽东的宣传思想的当代启示及应用；⑥以一种全新的视角解读毛泽东的宣传思想。

3. 争鸣性综述

争鸣性综述指的是在文献综述过程中，重在呈现不同学者对同一主题提出的不同见解，尤其突出强调那些存在争议的观点和意见。该方法对研究者的要求较高，需要研究者不单单要了解学术发展史，还需要将学术发展过程中存在的诸多意见的碰撞呈现出来，以期为读者提供更加广阔的思考视角。

4. 文献计量学综述

①文献计量学的分析对象。

文献计量学是情报学、图书馆学的一个重要分支，它从定量的角度分析研究文献的规律，并对文献的服务效果和经济效果进行评价和预测。文献计量学可以定义为：以各类文献为基础，采用数学、计算机科学、系统科学等方法，对文献规律、文献科学管理及科学技术动态特征进行研究的一门学科。

文献计量学的分析研究是以文献及其特征（包括外部特征和内部特征）为基础进行的，其统计分析的对象大致分为以下几类。

a. 各类文献本身及其所表现出来的各种特征，如书名、著者、出版年份、出版地、出版商、参考文献、页数、版次、价格及文献内容等。

b. 各种类型的书目。

c. 各种类型的文摘。

d. 各种类型的索引。

e. 科技期刊杂志。

f. 评述性杂志。

g. 期刊指南和联合目录。

h. 其他出版物。

i. 与文献利用情况有关的记录，如读者来馆人次、单位、职业、职称、年龄等，以及文献的流通量、拒绝量、检准率、检全率等，甚至包括读者在意见本上的记录内容都是进行文献计量学分析研究的素材。

j. 与文献有关的图书情报系统中的各项管理指标、文献加工流程图及有关数据等。

应该说，文献计量学统计分析的对象不止以上所述的几种，事实上，一切与文献有关的媒介及其特征都可以作为文献计量学研究的对象。

②文献计量学研究的途径。

a. 文献引证关系的统计与引证分析。

文献之间有引证和被引证的关系，这些关系是通过文献（引证文献）与其后所附的参考文献（被引证文献）的现象来体现的，这种关系的强弱又可以通过引证或被引证文献的数量多少来表现。文献之间的引证和被引证关系在不同程度上体现和揭示了文献之间在结构上的关联性，通过分析研究文献之间的这种引证与被引证关系，对揭示学科研究中的相互关系、客观地反映论文的使用价值和期刊的质量、评价科学家的成就等方面有着极其重要的作用。

b. 出版物的统计与分析。

各学科出版物在数量等方面的变化，本质上体现着各学科的兴衰和相互渗透趋势。因此，对出版物进行广泛的统计分析仍然是文献计量学的一个途径。

c. 著者或用户等有关人数的统计。

例如著名定律——洛特卡定律就是描述了著者与其所著论文在数量上所表现出的关系。洛特卡定律是文献计量学中的一个非常重要的定律，它对揭示文献及文献著者之间的规律起着极为重要的作用。

d.文献的篇名、出版时间、出版地、出版商等的统计与分析。

文献的篇名、出版时间、出版地、出版商等都属于文献本身所体现的外部特征，通过对这些外部特征的统计分析研究则可以揭示文献之间的结构关系、文献老化规律，以及期刊文献的影响因子等。

e.科技用语和词频的统计分析。

研究词频规律对情报检索，特别是检索语言的研究是非常重要的，齐普夫定律就是关于词频规律研究的重要定律。

f.有关文献利用情况的统计分析。

一切围绕着文献利用情况的统计，如文献流通率、拒绝率、检准率、检全率、读者或用户的意见记录、馆员素质情况登记、图书情报机构中各部门工作指标等，对于研究文献服务规律、分布规律、最佳分配规律都有着极为重要的作用。

③新闻传播学研究生学位论文文献综述常用的文献计量软件——CiteSpace。

CiteSpace是Citation Space的简称，可译为“引文空间”，是美国德雷塞尔大学计算机与情报学系陈超美教授研发的一款用于分析科学文献中蕴含的潜在知识，并在科学计量学、数据和信息可视化背景下逐渐发展起来的一款多元、分时、动态的引文可视化分析软件。由于是通过可视化的手段来呈现科学知识的结构、规律和分布情况，因此也将通过此类方法分析得到的可视化图形称为“科学知识图谱”。目前，国内的学者使用CiteSpace软件主要是对研究热点、研究前沿和研究趋势进行探测。在研究中主要使用CiteSpace软件的文献共被引、共词网络以及作者共被引等功能。在对生成的图谱解读时，主要针对高频节点、聚类知识群、高中介中心的节点和图谱的基本图例进行说明。

案例：以《新冠肺炎疫情期间〈人民日报〉微博共情传播效果研究》为例。

该论文的文献综述中使用了CiteSpace软件，对“共情”的关键词共现、关键词聚类等内容进行了文献计量学统计和科学图谱呈现。

四、研究方法

许多同学在研究方法的撰写中存在一个严重误区：研究方法列举过多，而每一种方法的介绍又过于宽泛，常常只是一些常识性正确的泛泛而谈，缺少对研究方法具体使用步骤的介绍。那么，研究方法该如何撰写？

学位论文开展研究的过程中切实使用到哪些研究方法直接决定了绪论中“研究方法”部分的内容撰写。因此，如何准确地选择合适的研究方法，是写好“研究方法”的重要前提。该部分内容在前文已做了详细介绍，在此不予赘述。需要再次提醒学位论文撰写者注意的是，在选择研究方法时需要严格控制选用数量，无须太多，使用1～3种研究方法即可。

案例：以新闻传播学硕士论文《成人儿童化行为背后的意义生产——以对小猪佩奇的消费为例》为例。

在本论文中，作者使用了三种研究方法。首先使用文本分析法，对B站上关于小猪佩奇的评论文本进行了分析；然后使用了深度访谈法，对18～30岁的成年人进行了访谈；最后使用了参与观察法，分析了成年人对小猪佩奇的消费行为习惯和方式。在研究方法的写作中，作者并不是仅仅简单地介绍文本分析法、深度访谈法、参与观察法分别是什么，而是详细介绍了如何具体使用这些方法展开研究的。

(1)文本分析法。

通过选取B站、抖音等社交媒体有关小猪佩奇的视频、留言、评论，以及被用于微博、微信日常沟通交流的小猪佩奇表情包，了解成年人如何对原本的动画片进行解码，并生产出什么新的意义。

其中，对动画片《小猪佩奇》及其他官方视频的评论与留言主要收集自豆瓣网和时光网，相关的大数据分析主要依托电影行业数据平台灯塔App以及数据分享平台百度指数。

对B站上的视频文本选择遵循以下原则：首先，必须是对原本的视频素材进行过二次加工的；其次，为了保证文本的选取具有一定的代表性，应当存在一定的播放量和点击量。因此在实际操作中，笔者对B站上相关关键词下的视频采用按点击量排序的方法，主要分析了播放量前三分之一的视频。

因为表情包制作的随意性和便捷性，对其的收集主要分为两个渠道，一是观察并保存自己社交软件上联系人的使用情况，二是在微博上进行搜索和整理，挑选被转发、评论次数较多的微博进行搜集。

(2)深度访谈法。

考虑到追问的便捷性、对访谈对象和研究问题有更深入的了解，并给予受访者一定的意见表达余地，本文采用半结构性访谈和焦点小组相结合的方法来了解成年人对佩奇进行消费的原因和具体情境，以及希望通过这种行为传递什么样的意义等问题。

访谈对象全部选择18～30岁这一年龄阶段的成年人，尽量涵盖、控制访谈对象的职业、年龄、地区和学术背景。从第1位访谈者开始到理论饱和时结束，本次研究共与18位受访者进行了接触。

访谈以录音的形式记录，共整理出37102字的访谈记录，随后采用归纳法对访谈资料进行深入分析，从而回答本文中的研究问题。

(3)参与观察法。

作为青年亚文化研究被广泛采用的研究方法，参与观察法能够从群体内部进行资料的收集，从而更好地说明相关文化的意义与行为，提供有关意义体系与行为习惯的报告。

此外，小猪佩奇的所属公司Entertainment One和阿里巴巴影业公司一起合作推出《小猪佩奇过大年》原创动画电影。为了更好地了解成年人对佩奇的消费行为习惯与方式，研究计划在电影上映期间前往电影院对观看电影的群体进行深入观察，记录他们具体的参与行为，以及观影时的对象选择，并了解具体的观影原因和观影感想。

研究方法的撰写过程中，不只是简单地罗列以下问题：本研究所使用的方法是什么，它的概念是什么，它的主要开发者是谁，有着怎样的方法演变历史，等等，而应该重点阐述在论文研究过程中使用研究方法的步骤是怎样的。比如，若使用问卷调查法，则需要介绍调查对象的选择标准(比如抽样方法等)、调查数量、调查区域、调查手段、问卷的回收方式、数据处理方法等。

五、研究思路

研究生学位论文的研究思路，指的是在论文写作过程中，具体借助怎样的思路对具体的问题展开研究。一般的研究思路应该包括：研究对象是什么，围绕研究对象需要展开研究的问题有哪些，要解决这些问题需要使用怎样的方法，需要使用怎样的框架将论文的核心内容展现出来，等等。除了文字表达，作者还可以使用思维导图等多元方式对研究思路予以呈现。

以《新冠肺炎疫情期间〈人民日报〉微博共情效果研究》一文为例，在研究思路部分，作者是这样呈现的。

> 本研究主要考察在疫情期间《人民日报》微博文本对于用户的共情效果（研究对象）。运用内容分析法以及调查问卷法（研究方法），选取以疫情暴发时间点2020年1月—3月（为期3个月样本）进行文本采集（样本选择与采集），从整体文本当中的报道数量、文本态度、报道身份特征三方面出发，根据学者谢科范等人提出的关于突发事件在网络当中的生命周期的特点，按照实际的样本的时间特点，在时间上对于划分潜伏期、加速期、成熟期三个不同时间段，分别探究三方面在不同时间段当中对于用户态度（转发量、评论量、点赞量）的不同影响，以及相关性（理论依据及内容分析法的研究程序），之后深究用户的共情效果影响因素，进行调查问卷法，对531名被调查者进行特质共情分组，深究何种因素影响受众共情（问卷调查法的调查对象及解决的问题），希望从新闻传播的角度解析共情传播在突发公共卫生事件当中的效用，探究《人民日报》微博文本当中的共情效果，以期能够为主流媒体在报道突发性公共卫生事件时提供相应的建议（研究目标）。

以《新冠肺炎疫情下斯洛伐克〈真理报〉中的中国国家形象分析》一文为例，在研究思路部分，作者是这样呈现的。

> 本研究将采取“三步走”的研究思路，即是什么、为什么、怎么做（整体思路）。首先介绍国家形象的概念和意义（研究对象与基础概念），基于议程设置理论研究国家形象的传媒构建以及传媒对于国家形象塑造的重要性（理论依据与核心问题）。接下来，具体分析《真理报》在新冠肺炎疫情期间的文本，主要是对《真理报》涉华报道进行一系列统计分析，包括报道篇数、报道篇幅、报道主题、报道倾向（感情色彩）（研究方法与设计），然后根据这些数据透析斯洛伐克媒体塑造的中国国家形象。最后对我国对斯传播中存在的问题提出具体的改进建议（研究目标）。

六、研究创新点与不足

（一）研究创新点

研究的创新点，指的是该论文不同于以往类似研究成果的部分。许多同学在完成研究创新点的写作时，往往选择使用如下表达方式：“填补了××领域的空白”“取得了重要的理论创新”“实现了前所未有的××目标”。事实上，在硕士学位论文研究中，真正实现上述创新是非常困难的。那么，学位论文就不需要创新点了吗？答案当然是否定的。论文研究的创新点是学位论文评审环节的重要指标，若一篇学位论文缺乏创新点，那么它通过专家评审的概率就会大大降低。那么，学位论文撰写者应如何撰写研究创新点？

1. 研究创新点的内容选择

研究创新点可以从研究资料、研究对象、研究方法和研究视角四个方面（无须全部都写，根据实际情况从这几个方面进行选择即可）展开。

2. 研究创新点的语言表达

在介绍论文具体的创新点之前，可以适当介绍一下选题背景，从而更好地突出所选主题的创新性。此外，尤其值得注意的是，在研究创新点的撰写过程中，需要注意保持相对谦逊的态度，对过往的研究成果保持敬畏之心。

案例：以《新冠肺炎疫情下斯洛伐克〈真理报〉中的中国国家形象分析》为例，研究创新点写作之初，先介绍了选题背景和意义。

> 世界一直都在以惊人的速度发展、变化，国际局势也日趋动荡、紧张。特别是新冠肺炎疫情的暴发，让中国再次成为国际关注的焦点，这也是中国国家形象塑造面临的一场“大考”。因此，在这样复杂多变、充满危机的国际局势下，我们更需要及时了解外媒报道中描绘的中国形象，以便及时了解双边关系的变化，并随时做出调整，积极应对。
>
> 本文最重要的贡献是，这是一篇致力于分析新冠肺炎疫情下斯洛伐克媒体中中国形象的论文。一是丰富了国家形象的国别研究，二是它以新冠肺炎疫情为研究背景，提供了最新数据，为中国在研究斯洛伐克媒体中的中国形象问题上提供了一手资料。

(二)研究的不足

研究的不足，指的是研究存在的缺陷。值得注意的是，研究存在的不足，应该是客观存在的、依靠研究者的个人能力无法解决的诸多问题导致的不足，而不应该是由于研究者的失误、不作为、理论基础不扎实、方法使用不恰当等因素造成的不足。前者是无法依靠个人主观能力改变的，而后者则是可以通过努力得以解决的。因此，在研究不足的写作中，若列举了因个人不作为而产生的不足，那么，评审专家会对研究者的研究能力和学术态度产生质疑，也会对研究结论的合理性产生怀疑。

案例：以《新冠肺炎疫情下斯洛伐克〈真理报〉中的中国国家形象分析》为例，本论文的研究不足的写作便存在一些问题。

> 本研究虽有一定的创新之处，但也存在一些不足。从研究方法来看，由于缺乏斯洛伐克语语料库（此处是客观存在的不足）以及研究者没有计算机等专业学科背景（此处是可以通过后期努力，加强对所用研究方法的进一步学习，进而弥补这一专业背景缺陷的），对研究内容的分析存在一定的局限。从研究对象来看，本文只对《真理报》进行了研究，并未与中国媒体中的中国形象进行横向的对比（此处不能算作本论文的不足，因为论文的核心研究对象是《真理报》呈现出来的中国形象，无须对中国媒体中的中国形象进行横向对比）。从研究时间线上来看，本文只对疫情暴发至今（2020 年 1 月至 2021 年 2 月）的报道进行了分析，而未与疫情发生前的报道进行纵向的对比（同样，此处也不

能算作本论文的不足，因为论文的核心研究对象是《真理报》呈现出来的中国形象，无须对疫情发生之前的报道进行纵向比较研究）。此外，《真理报》网站的搜索引擎设置过于简单，不便于内容的抓取和分类，因此可能存在一些误差（此处虽是客观存在的不足，但可以通过人工筛选，提高样本内容抓取和分类的准确度）。

第二节 本 论

本论是论文的核心部分，此部分不仅能够表达学位论文的主要内容和观点，也最能够体现出学位论文撰写者的科研能力和学术修养。

《中南财经政法大学研究生学位论文写作规范》对该部分提出的撰写要求：各章结构合理、层次分明、数据可靠、文字简练、说理透彻、推理严谨、立论正确，避免使用口语化表述。

那么，如何达到上述要求，从而保证学位论文的核心部分写得足够精彩呢？可以从章节的逻辑规范、语言的表达规范、格式的使用规范三个方面入手展开写作。

一、章与章之间遵照“发现问题—分析问题—解决问题”的逻辑规范

事实上，学位论文写作规范中并没有对论文章与章之间的逻辑规范进行统一的规定和要求，论文撰写者可以根据所选主题的特性进行自主设计，只需结构合理、层次分明即可。

但在具体写作过程中，许多学位论文撰写者会产生这样的疑问：怎样的结构安排才是合理的？怎样的层次设计才是“分明”的？一般而言，学位论文的章与章之间可以遵照“发现问题—分析问题—解决问题”的逻辑规范：通过绪论，介绍选题背景、意义、国内外研究现状、研究方法与思路、创新点与重难点等，明确研究对象和核心解决问题；通过概念界定、理论阐述或个案梳理，将所研究的对象和问题进行理论化呈现；通过对研究对象的基本状况、产生动因、影响与效果、存在的问题与不足等内容的研究，分析问题；结合理论与实际研究资料、数据，探寻解决问题的可能性和基本路径。

案例一：以《新华社“创意海报突击队”战疫海报的视觉修辞研究》为例。

绪论 （发现问题）

第一章 新闻海报及视觉修辞概述（分析问题之理论依据）

第二章 “创意海报突击队”战疫海报的视觉符号（分析问题之研究对象的概况）

第三章 “创意海报突击队”战疫海报的视觉修辞策略及修辞意义（分析问题之研究对象的本质）

第四章 “创意海报突击队”战疫海报视觉修辞的问题（分析问题之研究对象存在的问题）

第五章 “创意海报突击队”战疫海报的视觉修辞的优化路径（解决问题）

结语

案例二：以《新冠肺炎疫情下斯洛伐克〈真理报〉中的中国国家形象分析》为例。

绪论 （发现问题）

第一章 大众媒体与国家形象（分析问题之理论依据）

第二章 《真理报》涉华报道分析（分析问题之研究对象的概况）

第三章 《真理报》中的中国形象及成因分析（分析问题之研究对象的本质及成因）

第四章 对斯传播存在的问题及对策（分析问题和解决问题）

结论

案例三：以《用户音乐分享行为的驱动因素研究》为例。

引言 （发现问题）

第一章 理论基础与研究模型构建（分析问题之理论依据与研究模型）

第二章 用户音乐分享行为情绪与认知驱动因素（分析问题之研究对象的概况）

第三章 人格特质调节作用分析（分析问题之成因）

第四章 分析结果讨论及服务优化建议（分析问题和解决问题）

结论与展望

二、节与节之间应围绕本章内容平行分布

如果说章与章之间的逻辑遵循“发现问题—分析问题—解决问题”的规范，那么，节与节之间则更多地采用“平行”原则，也即将某一章的内容视作一个整体，然后梳理这一整体可能包含哪几个方面，然后将该方面平行放置到不同的小节中加以呈现。

案例：以《新华社“创意海报突击队”战疫海报的视觉修辞研究》为例。

绪论

第一章 新闻海报及视觉修辞概述

第一节 海报即新闻海报概念

第二节 视觉修辞的内涵及理论框架

（概念简介和理论框架平行。）

第二章 “创意海报突击队”战疫海报的视觉符号

第一节 “创意海报突击队”战疫海报的图像符号呈现

第二节 “创意海报突击队”战疫海报的文字符号呈现

第三节 “创意海报突击队”战疫海报的色彩符号呈现

（图像符号、文字符号、色彩符号三者平行，同属于视觉符号的范畴。）

第三章 “创意海报突击队”战疫海报的视觉修辞策略及修辞意义

第一节 “创意海报突击队”战疫海报的修辞策略

第二节 “创意海报突击队”战疫海报的修辞意义

（修辞策略与修辞意义平行。）

第四章 “创意海报突击队”战疫海报视觉修辞的问题

第一节 “创意海报突击队”战疫海报视觉修辞符号的问题

第二节 “创意海报突击队”战疫海报视觉修辞策略的问题

（修辞符号存在的问题与修辞策略存在的问题平行。）

三、小节内部遵照“总一分一总”原则

小节中的内容是真正意义上的正文内容，每一小节的写作逻辑可适度遵照“总一分一总”的原则，即先对该小节中的核心观点进行总结，然后依次呈现分论点，最后将分论点进行总结概括。

案例：以《新华社“创意海报突击队”战疫海报的视觉修辞研究》为例。

以本论文的第二章第一节为例，该节标题为“‘创意海报突击队’战疫海报的图像符号呈现”。作者首先用较为简练的语言对所选108个样本的图像符号呈现的统计数据和整体特征进行了总结。其次，作者从人物符号（细节化刻画人物形象）、景观符号（带有明显的城市地域特色）、图形设计符号（指示性与意象性图形居多）这三个并列的方面，对108幅战疫海报的图像符号呈现进行了分析。最后，作者又对人物符号、景观符号、图形设计符号的特征进一步总结和提炼。

除了逻辑规范之外，正文写作还需要遵照学位论文写作的语言规范。因为，学位论文不同于普通的学术论文，更不同于普通的文字写作，它对语言的准确性、科学性、精练性都有着非常高的要求。在正文写作中要做到表达准确、话出有因，不可主观臆断和无证据推论。

第三节 结 论

结论是学位论文正文的最后一部分，是对学位论文正文内容的梳理、总结与升华，是学位论文的点睛之笔。那么，学位论文撰写者应如何撰写好结论部分？

一、结论中需包含的内容

整体而言，结论中需要包括明确的研究对象、清晰的研究问题和研究假设、科学的研究方法、详细的研究思路、论文的核心观点、论文的学术贡献与实践意义，以及尚需进一步讨论的问题与建议。其中，值得注意的是，结论并非对论文正文部分的简单压缩，而是在前文分析的基础上，对研究对象、研究问题的更为深入的思考。结论部分在语言表达上要求明确、精练、完整、准确。

二、案例解析

案例：以《儿童绘本中的性别呈现与表达——基于对“丰子恺儿童图画书奖”获奖作品的符号学分析》为例。该论文的结语共分为如下几个层面的内容。

首先，作者分析了儿童绘本在儿童教育方面的重要作用。其次，引出“丰子恺儿童

图画书奖”，介绍了该奖项历届获奖作品绘本中性别角色的符号呈现和背后的意义表达中存在的诸多“性别观念”的引导。作者认可了上述性别观念引导的积极作用，同时也提出疑问：在当前性别角色日渐多元化的当下，传统的“男主外，女主内”的性别认知是否不合时宜？基于此，作者进一步结合我国强大的父权制文化，并提出了建议：通过儿童绘本，更加客观、真实地向儿童传递多元性别认知是非常必要的。最后，作者呈现了论文写作过程中存在的诸多不足，并期待论文中提及的问题能够引发更多学者的进一步讨论和更加深入的研究，从而把更加科学、合理的性别观念传递给儿童。

综上，正文是学位论文的主体和核心部分，需要学位论文撰写者予以充分的重视。

本章小结

正文是学位论文的主体和核心部分，需要学位论文撰写者予以充分的重视。正文的绪论部分，需包括研究缘起与选题背景、选题的理论和实践意义、文献综述、研究方法、研究思路、研究创新点与不足六个部分等。其中，研究缘起与选题背景可以从时代环境与政策背景、媒体/传播事业发展现状、学术发展趋势等几个方面入手。选题的理论意义可以从“为特定领域的研究提供了新的研究对象，丰富了该领域的研究个案”和“为特定领域的研究提供了新的研究视角，拓展了该领域的研究边界”两个方面进行介绍。选题的实践意义则可以从“为更加深入地了解、认识某一具体问题提供参照”和“为某一具体存在的问题提供优质的解决方案”两个方面进行介绍。文献综述包括引言、正文、结语三个部分，其中正文又可整体划分为“述”和“论”两个部分。综述可以分为四类综述：以学术发展史为主线的综述、分类性综述、争鸣性综述、文献计量学综述。研究方法的介绍不能仅仅停留在罗列方法的层面，而应该对研究方法的具体使用步骤和研究细节展开介绍。在研究思路部分，一般需要包括：研究对象是什么，围绕研究对象需要展开研究的问题有哪些，要解决这些问题需要使用怎样的方法，需要使用怎样的框架将论文的核心内容展现出来，等等。研究创新点可以从研究资料、研究对象、研究方法和研究视角四个方面展开。研究的不足应该是客观存在的、依靠研究者的个人能力无法解决的诸多问题导致的不足，而不应该是由于研究者的失误、不作为、理论基础不扎实、方法使用不恰当等因素造成的不足。

学位论文本论的写作应遵照以下原则：首先，章与章之间遵照“发现问题—分析问题—解决问题”的逻辑规范；其次，节与节之间应围绕本章内容平行分布，最后，小节内部遵照“总—分—总”原则。

学位论文的结论需要包括明确的研究对象、清晰的研究问题和研究假设、科学的研究方法、详细的研究思路、论文的核心观点、论文的学术贡献与实践意义，以及尚需进一步讨论的问题与建议。

第九章　新闻传播学研究生学位论文的附件写作

学位论文中的附件，是学位论文正文之外其他要件的统称。一般而言，新闻传播学研究生学位论文的附件主要包括参考文献、在读期间科研成果、附录、致谢四个部分。

第一节　参考文献

参考文献是反映论文的科学依据和作者尊重他人研究成果的严肃态度的重要体现，也是作者向读者、文献查询者提供有关文献信息的出处，以供读者和文献查询者进行文献再检索的有效方式。参考文献中列出的一般是作者直接阅读过的、最主要的、发表在正式出版物上的文献和可以公开查阅的网络文献资料。

一、参考文献写作的基本要求

文后收录的参考文献务必实事求是，应避免虚假录入、抄袭、剽窃等学术不端行为。私人通信未公开出版者一般不宜列入参考文献，需要说明的可紧跟在引用的内容之后做注释或标注在当页的地脚。参考文献一律放在正文后，不可放在各章节之后。正文中引用参考文献的部位，须用上标标注。一般而言，研究生学位论文参考文献的数量和格式规范都有较为严格的规定，比如，中南财经政法大学要求博士学位论文的参考文献不少于80个，学术型硕士学位论文参考文献不少于50个，其中外文文献占十分之一；专业型硕士学位论文的外文参考文献数量可根据实际情况酌情减少。在列举参考文献时，应遵循以下范式。

（一）文献的作者不超过3位时，全部列出；超过3位时，只列前3位，后面加“等”字或相应的外文。

（二）参考文献采用序号[1]、[2]……标注。

（三）参考文献无论是著作类，还是论文类，其顺序均为先中文，后外文。其中，中文文献以作者姓氏拼音顺序排序；英文类外文著作以作者字母顺序排列，其他类参照以上惯例。

（四）中外文参考文献具体参照以下标注方式和示例。

1. 中文文献的标注方式

中文文献分别为作者、著作或论文名称、（译者）、出版社或刊物名称、出版或发表的时间。

示例：

［1］　范文澜:《论中国封建社会长期延续的原因》,《范文澜历史论文选集》,中国社会科学出版社,1979 年。

［2］　吕叔湘、朱德熙:《语法修辞讲话》,中国青年出版社,1979 年。

［3］　金一虹:《非农业过程中的农村妇女》,《社会学研究》,1998 年第 5 期。

2. 外文文献的标注方式

责任者(作者)姓氏在前,名字在后;析出文献题名用正体,出版物名称用斜体;文献纯系英文,句末用英文句点,如中英文混用,句末用中文句号。

示例:

［4］　Polo, M. , *The Travels of Marco Polo*. Translated by William Marsden, Hertfordshire: Cunberland House, 1997.

［5］　Daily, G. , Ehrlich, P. , *Population Extinction and the Biodiversity Crisis*, In Perrings, C. , et al (eds.), Biodiversity Conservation. Dordrecht: Kluwer Academic Publishers, 1995.

［6］　Basar, T. , Olsder G. J. , *Dyanmic Noncooperative Game Theory*, New York: Academic Press, 1982.

3. 电子文献或网络资源的标注方式

网上电子文献或资源,需要注明文献出处或电子文献的可获得的详细网络地址,必要时应加上访问时间。

示例:

［7］　法　悟:《十一五规划"建议"透出十一大亮点》,http://finance. people. com. cn/GB/1045/3774999. html。

［8］　张勇:《世界经济离不开中国参与》,http://www. people. com. cn/GB/paper39/15940/1409094. html。

二、案例解析

案例:以《张季鸾与托马斯·巴恩斯新闻思想比较研究》一文的参考文献为例。该论文提供了著作类、期刊论文类、学位论文类三大类共 131 条参考文献,其中部分参考文献如表 9-1 所示。

该论文属于新闻史的研究范畴,因为涉及对两位报人新闻思想的比较,而两位报人分别属于《大公报》和《泰晤士报》,因此在参考文献中应至少包括以下几个方面的文献。

(1)张季鸾和托马斯·巴恩斯的新闻作品。

(2)张季鸾和托马斯·巴恩斯的新闻思想的相关研究。

(3)《大公报》和《泰晤士报》报纸及其相关研究。

(4)中国新闻史和英国新闻史研究。

(5)张季鸾和托马斯·巴恩斯所处年代的社会文化相关研究。

表 9-1 《张季鸾与托马斯·巴恩斯新闻思想比较研究》参考文献(节选)

(一)著作类

[1] 方汉奇主编.《大公报》百年史(1902-06-17—2002-06-17)[M]. 北京:中国人民大学出版社,2004.

[2] 胡文龙主编. 中国新闻评论发展研究[M]. 北京:中国人民大学出版社,2002.

[3] 赖光临. 中国近代报人与报业(下册)[M]. 台北:台湾商务印书馆,1980.

[4] 李彬. 全球新闻传播史:公元 1500—2000 年[M]. 北京:清华大学出版社,2005.

[5] 任桐. 徘徊于民本与民主之间——《大公报》政治改良言论述评(1927—1937)[M]. 北京:生活·读书·新知三联书店,2004.

[6] 王润泽. 张季鸾与《大公报》[M]. 北京:中华书局,2008.

[7] 吴廷俊. 中国新闻史新修[M]. 上海:复旦大学出版社. 2008.

[8] 张季鸾. 季鸾文存[M]. 天津:天津大公报出版,1944.

[9] [英]詹姆斯·卡瑞,珍·辛顿. 栾轶玫译. 英国新闻史(第六版)[M]. 北京:清华大学出版社,2005.

[10] [英]马丁·沃克. 报纸的力量——世界十二家大报[M]. 北京:新华出版社,1987.

[11] Edward S. Herman and Noam Chomsky, Manufacturing Consent: The Political Economy of the Mass Media[M]. New York:Panthen Book, RandomHouse, Inc. ,1988.

(二)期刊论文

[1] 卓南生. 新闻传播史研究的“诱惑”与“陷阱”——与中国青年谈治史的苦与乐[J]. 国际新闻界,2002(3).

[2] 方汉奇.《为〈大公报〉辨诬——应该摘掉〈大公报〉“小骂大帮忙”的帽子》[J]. 新闻大学,2002(3).

[3] 吴廷俊.《报人张季鸾先生传》史实考订[J]. 新闻与传播研究,1994(2).

[4] 曹凯. 求变图存——《泰晤士报》的发展策略[J]. 传媒,2005(10).

[5] 夏晓林. 论张季鸾的办报思想——“文人论政”[J]. 新闻与传播究,1992(1).

[6] 施喆. 自由主义职业报刊理念的探寻与游移——张季鸾新闻思想述评[J]. 新闻大学,2002(3).

(三)毕业论文

[1] 唐小兵. 现代中国的公共舆论[D]. 华东师范大学,2009.

[2] 陈志强. 胡政之新闻职业观及其实践研究[D]. 华中科技大学,2010.

[3] 喻春梅. 长沙《大公报》(1915—1927)与湖南社会思潮[D]. 湖南师范大学, 2008.

[4] 陈建新.《大公报》与抗战宣传[D]. 浙江大学,2006.

第二节 在读期间科研成果

“在读期间科研成果”指的是研究生在读期间取得的科研成果的列表。该部分是博士论文写作的必写项,相较而言,硕士学位论文则并非必选项(部分学校要求硕士研究生在读期间必须获得相关科研成果才能有毕业资格，此类情况则必须完成）。若研究生在读期间没有发表相关的科研成果，这部分可以省略。若在读期间有科研成果，则需按要求依次列出科研成果。

一、在读期间科研成果的撰写规范

《中南财经政法大学研究生学位论文撰写规范》中对“在读期间科研成果”的撰写提出了以下要求：在读期间的科研成果，主要包括发表的学术论文、参加的研究项目和参加的学术会议等。博士学位论文中必须列出此项内容。作者发表的学术论文按照参考文献格式书写。

如果所在学校没有特殊规定，可以按照以下几种方式排列科研成果。

(1)按科研成果的类别：学术论文、研究项目、所获科研奖项、参加的学术会议等。

(2)按时间顺序：可以按照由远及近的时间顺序，也可以按照由近及远的时间顺序。

(3)按科研成果的重要程度：将最重要的科研成果放在最显眼的位置，依次排序。

当然，学位论文撰写者也可以根据自身情况，对自己的科研成果进行更为合理、恰当的排列，以充分展示自己在读期间的学术研究能力。

二、案例解析

案例一：以《张季鸾与托马斯·巴恩斯新闻思想比较研究》中所列出的在读期间科研成果为例，作者研究生在读期间共发表学术论文 2 篇，参加学术会议 1 次、学术论坛 1 次、学术培训活动 1 次，因此，在读期间成果可以如下呈现。

(一)学术论文

[1]　××：《简析中苏当代新闻改革新闻体制的不变与变》，《传承》，2010 年第 5 期。

[2]　××：《试论从政治家的角度解读毛泽东新闻思想》，《新闻学论集》(第 26 辑)，2010 年第 6 期。

(二)学术会议

[1]　××：《试论从政治家的角度解读毛泽东新闻思想》，“中国共产党 90 周年新闻实践与新闻思想研讨会”，2011 年 6 月。

[2]　××：《〈南方周末〉舆论监督新变化——基于对该报 2008—2009 头版头条的文本分析》，参加华中科技大学新闻学院交叉学科牛犊论坛，并获得优秀奖，2010 年 6 月。

(三)学术培训

[1]　参与上海交通大学首届“中国传媒领袖大讲堂”学习班，2010 年 7 月。

案例二：

若在读期间研究成果较多，则需要在特别的分类之后，再在成果内部进行排序。以博士学位论文《毛泽东宣传谋略研究》中的“在读期间研究成果”为例，在读期间，作者共发表期刊论文 6 篇，参加学术会议 1 次，参与科研项目 1 项，获得学术类奖项 3 项，因此，在“在读期间科研成果”部分中，可以这样呈现：在期刊论文部分，作者根据所发表期刊的权威程度进行排序，首先将发表于新闻传播学科领域的权威期刊《国际新闻界》《新闻大学》《现代传播（中国传媒大学学报）》上的三篇成果排在前面，它们的排序原则如下：首先将研究者独自署名的论文放在第一位（目的在于凸显独立从事学术研究的能力），将与导师合作的文章按照发表时间的先后分别排在第二位和第三位；其次是两篇CSSCI（其中《新闻春秋》为CSSCI扩展版）放在第四位和第五位；最后一篇普通期刊放在第六位。

（一）期刊论文

［1］ ××：《美国新闻传播教育研究现状》，《国际新闻界》，2013年第2期。

［2］ ××：《试论从政治家的角度解读毛泽东新闻思想》，《新闻大学》，2011年第4期。

［3］ ××：《对“市民记者”的质疑》，《现代传播（中国传媒大学学报）》，2013年第3期。

［4］ ××：《从内容调整到制度创新：中国新闻教育改革出路》，《西南民族大学学报》，2012年第7期。

［5］ ××：《增强核心竞争力，减少“可取代性”：二论中国大陆新闻教育改革的出路》，《新闻春秋》，2013年第1期。

［6］ ××：《民初新闻实践中极权与自由的三次博弈》，《新闻与信息传播论坛》，2011年卷。

（二）参加学术会议

［1］ ××：《从〈新闻与大众传播教育者〉看美国新闻传播教育研究现状：基于对该刊2003—2012年研究性论文的内容分析》，中国新闻教育史学会2012年会暨学术研讨会，2012年10月。

（三）参加科研项目

［1］ 华中科技大学博士生创新基金项目《毛泽东宣传谋略研究》，独自承担。

（四）获得学术奖项

［1］ 2014年度“国家奖学金”。

［2］ 2014年度“嘉兴日报奖学金”。

［3］ 2012年度“华中科技大学优秀论文奖”。

第三节　附　　录

一、附录的功能与主要内容

附录是对论文主体内容的补充，若某些文献、资料或数据等对论文意义重大，却因为各种原因不便于出现在正文之中,则可以被作为补充内容放置在附录部分。

附录是作为论文主体的补充项目,并不是必需的。以下内容可置于附录之内。

(1)为了整篇报告、论文材料的完整,但编入正文又有损于编排的条理和逻辑性,这一类材料包括比正文更为详尽的信息、研究方法和技术更深入的叙述,对了解正文内容有用的补充信息等。

(2)不便于编入正文的罕见珍贵资料。

(3)对一般读者并非必要阅读,但对本专业同行有参考价值的资料。

(4)某些重要的原始数据、数学推导、计算程序、框图、结构图、注释、统计表、计算机打印输出件等。

(5)关键的实证调查问卷或方案等。

附录的序号用 A,B,C……系列,如附录 A,附录 B……。附录中的公式、图和表的编号分别用 A1,A2……系列;图 A1,图 A2……系列;表 A1,表 A2……系列。每个附录应有标题。

二、案例解析

案例一:以《成人儿童化行为背后的意义生产——以对小猪佩奇的消费为例》为例。本论文附加了三个附录,分别为:附录 1 攻读学位期间发表论文目录;附录 2 访谈大纲;附录 3 访谈对象信息整理。

案例二:以《〈朝日新闻〉“天声人语”专栏对二战的观念分析——以 2014—2018 年的文本为分析对象》为例。本论文附加了 2 个附录,分别是:附录 1 攻读学位期间发表论文目录;附录 2“天声人语”关于二战文本的评议对象和价值判断分析列表(按刊发时间排列)。

案例三:以《用户音乐分享行为的驱动因素研究》为例。本论文附加了“音乐分享行为调查问卷”。

第四节 致 谢

一、致谢的基本构成

致谢,一般出现在论文最后,它的意义一方面在于作者可以借此平台向那些对论文写作工作有直接帮助的人士或单位表达感谢,另一方面也可以帮助作者更好地回顾论文写作过程中的各种经验教训,便于在以后的研究中扬长避短。

事实上,致谢部分的写作应该是整个学位论文写作环节中最不需要“学术化”表达的一部分。在此部分中,作者需要表达感谢的对象大致可以分为以下几类。

(1)对论文进行指导的导师。

(2)为论文提供资金支持的各类组织或个人,如研究生创新基金等。

(3)对研究的具体开展提供辅助性工作或提供便利条件的组织或个人,如图书馆工作人员、档案馆工作人员等。

(4)对研究设计提出建议的组织或个人,比如任课老师或其他师长等。

(5)对研究开展期间的生活提供帮助的组织或个人,比如父母、同学、朋友等。

(6)对其他应感谢的组织或个人。

二、案例解析

以《成人儿童化行为背后的意义生产——以对小猪佩奇的消费为例》为例,该文的致谢部分是这样呈现的:

> 从构思到下笔再到最后的成文,这篇由发表的期刊论文延伸出来的毕业论文终于有了一个相对完整的结果。因为有了此前探索性调研的铺垫,这篇论文的完成并没有想象中的艰辛,这与我可爱善良的导师周婷婷老师的耐心指导有着密不可分的联系。如果没有她的鼓励,我可能没有勇气将成年人对佩奇的错位消费这样一个文化现象作为论文的选题进行推进(感谢导师)。此外,论文的完成也离不开袁艳老师的指导和帮助——老师扎实的理论积淀和宽广的研究视野帮助我更好地把握了研究对象和研究范式(感谢提供帮助的其他老师)。同时也要感谢所有的受访对象能够在百忙之中忍受我的叨扰,为我的论文提供丰富且有趣的经验材料(感谢受访者)。
>
> 充实且充满收获的三年研究生生活并不是一篇硕士毕业论文可以做结的,还有更多的感谢需要一一言说。谢谢牛静老师和话媒书会的小伙伴们,让我从还未正式踏入华科时就已经接受到学术研究的熏陶与训练,特别是跟牛老师一起完成"媒介融合"和"自我表露"两个课题期间,我从一个学术小白慢慢了解到了规范的研究方法和论文写作要求,形成了一定的学术思维,这也为完成我的毕业论文打下了基础。谢谢经常投喂我的同门何金穗,如果没有细心认真的她随时提醒我论文进度与学院安排,粗枝大叶的我可能没法顺利完成学业(感谢老师和同学)。谢谢从进入华科第一天就让我怦然心动的男朋友,我是一个随遇而安甚至有些得过且过的人,谢谢你三年以来对我的不断鞭策,我才能从一开始就从众多的选择中找到自己的目标,虽然你本人可能并不是很享受这个催促我的过程,不过 All is well that ends well。谢谢我的父母,没有你们的支持,我不可能这样健康快乐地长大(感谢家人)。谢谢华中科技大学新闻与信息传播学院,"秉中持正,求新博闻"是全国各大新闻院校中我最喜欢的院训,我相信未来也是如此(感谢所在学院)。
>
> 面对即将开始的博士生活,虽说忐忑不安多过紧张期待,但我依然对自己和未来充满信心。用我男神东坡居士的话来说就是,"谁怕,一蓑烟雨任平生"。

本章小结

学位论文中的附件是学位论文正文之外其他要件的统称,主要包括参考文献、在读期间研究成果、附录、致谢四个部分。其中,参考文献务必实事求是,应避免虚假录入、抄袭、剽窃等学术不端行为。在读期间的科研成果,主要包括发表的学术论文、参加的研究项目和参加的学术会议等。附录是对论文主体内容的补充,每个附录应有标题。致谢一般出现在论文最后,是作者向那些对论文写作工作有直接帮助的人士或单位表达感谢的主要平台。同时,致谢也可以帮助作者更好地回顾论文写作过程中的各种经验教训,便于在以后的研究中扬长避短。

参考文献

(一)著作

[1] 陈向明.质的研究方法与社会科学研究[M].教育科学出版社,2000.

[2] 陈阳.大众传播学研究方法导论[M].2版.北京:中国人民大学出版社,2015.

[3] 方汉奇.中国新闻事业通史(第一卷)[M].北京:中国人民大学出版社,1992.

[4] 风笑天.社会研究方法[M].5版.北京:中国人民大学出版社,2018.

[5] 国家图书馆《中国图书馆分类法》编辑委员会.中国图书馆分类法·简本[M].5版.北京:国家图书馆出版社,2012.

[6] 郭庆光.传播学教程[M].2版.北京:中国人民大学出版社,2011.

[7] 教育部科学技术委员会学风建设委员会.高等学校科学技术学术规范指南[M].2版.北京:中国人民大学出版社,2017.

[8] 李德方.怎样写文章:学术论文写作项目化教程[M].苏州:苏州大学出版社,2020.

[9] 李浩泉,陈元.教育研究方法[M].成都:西南交通大学出版社,2018.

[10] 林文荀.学位论文写作[M].北京:宇航出版社,1997.

[11] 罗式胜.文献计量学引论[M].北京:书目文献出版社,1987.

[12] 欧阳锋,徐梦秋.科学规范论:默顿的视野[M].北京:商务印书馆,2012.

[13] 施旭.什么是话语研究[M].上海:上海外语教育出版社,2017.

[14] 叶继元等.学术规范通论[M].上海:华东师范大学出版社,2005.

[15] 周翔.传播学内容分析研究与应用[M].重庆:重庆大学出版社.2014.

[16] 王战军,马永红,周文辉,等.研究生教育概论[M].北京:北京理工大学出版社,2019.

[17] [德]阿特斯兰德.经验性社会研究方法[M].李路路,林克雷,译.北京:中央文献出版社,1995.

[18] [美]大卫·M.费特曼.民族志:步步深入[M].3版.龚建华,译.重庆:重庆大学出版社,2013.

[19] [美]诺曼·K.邓津,[美]伊冯娜·S.林肯.质性研究手册:方法论基础[M].朱志勇,王熙,阮琳燕,等译.重庆:重庆大学出版社,2018.

[20] [美]唐纳德·肯尼迪.学术责任[M].阎凤桥,等译.北京:新华出版社,2002.

[21] [美]托马斯·R.林德洛夫,[美]布莱德·C.泰勒.传播学质性研究方法[M].叶欣,李静,周翔,译.重庆:重庆大学出版社,2020.

[22] Erving Goffman. Framing Analysis: An Essay on the Organization of Experience[M]. New York: Harper&Row,1974.

[23] W. Lawrence Neuman. Social Research Methods: Qualitative and Quantitative Approaches[M]. Second Edition, MA: Allyn and Bacon, 1994.

[24] Tony McEnery, Rachard Xiao & Yukio Tono. Corpus-Based Language Studies: An Advanced Resource Book[M]. London: Routledge. 2006.

(二)期刊论文

[1] 陈向明. 扎根理论的思路和方法[J]. 教育研究与实验,1999(4):58-63,73.

[2] 董扣艳. 品牌消费、身份建构与符号秩序——基于微商群的网络民族志考察[J]. 福建师范大学学报(哲学社会科学版),2022(2):53-66,170-171.

[3] 何志武. 批判研究方法的科学性问题[J]. 新闻与传播研究,2009,16(5):22-27,107-108.

[4] 纪玉华,吴建平. 语义韵研究:对象、方法及应用[J]. 厦门大学学报(哲学社会科学版),2000(3):63-68.

[5] 钱毓芳. 语料库与批判话语分析[J]. 外语教学与研究,2010,42(3):198-202,241.

[6] 邱均平,邹菲. 关于内容分析法的研究[J]. 中国图书馆学报,2004(2):14-19.

[7] 卫乃兴. 基于语料库和语料库驱动的词语搭配研究[J]. 当代语言学,2002(2):101-114,157.

[8] 辛斌,高小丽. 批评话语分析:目标、方法与动态[J]. 外语与外语教学,2013(4):1-5,16.

[9] 张淑静. 语料库在批评话语分析中的应用[J]. 郑州大学学报(哲学社会科学版),2014,47(3):130-133.

[10] 王润泽. 揭密张季鸾的秘使身份[J]. 国际新闻界,2006(4):69-73.

[11] 李瞻. 报业巨星张季鸾先生[J]. 国际新闻界,2010,32(9):100-109.

[12] 施喆. 自由主义职业报刊理念的探寻与游移——张季鸾新闻思想述评[J]. 新闻大学,2002(3):64-71.

[13] 周建明. 快捷、朴实、犀利、透辟——简论张季鸾撰写的《大公报》社论特色[J]. 新闻与写作,1999(6):26-28.

[14] 吴廷俊.《报人张季鸾先生传》史实考订[J]. 新闻与传播研究,1994(2):61-67.

(三)学位论文

[1] 陈佳丽. 传播与流变——媒介视野下西方卫生知识在近代中国的流通(1840—1937)[D]. 武汉:华中科技大学,2018.

[2] 次仁群宗. 一位少年扎西的媒介之旅[D]. 南京:南京大学,2014.

[3] 段勃. 比较视域下的中美调查性报道研究[D]. 武汉:华中科技大学,2017.

[4] 高永亮. 网络传播消费主义现象批判[D]. 北京:中国传媒大学,2009.

[5] 高锦. 新冠肺炎疫情期间《人民日报》微博共情传播效果研究[D]. 大连:大连理工大学,2021.

[6] 韩卓然. 中国主流媒体对大数据神话的建构——基于《人民日报》相关报道的批评性话语分析[D]. 北京:中央民族大学,2020.

[7] 胡雨薇. 用户音乐分享行为的驱动因素研究[D]. 武汉:武汉大学,2019.

[8] 纪娇娇. 基于语义网络分析的转基因议题框架量化研究[D]. 合肥:中国科学技术大学,2017.

[9] 李敏. 新闻采访权保护探析[D]. 上海:复旦大学,2008.

[10] 梁妙华. 新冠肺炎疫情下斯洛伐克《真理报》中的中国国家形象分析[D]. 北京:北京外国语大学,2021.

[11] 路莉. 传播学视野下的植入式广告研究[D]. 重庆:西南政法大学,2011.

[12] 缪娅. 当代中国网络亚文化群体的政治化再造——基于"饭圈女孩"2019—2021年的网络民族志分析[D]. 南京:南京大学,2021.

[13] 秦璇. 成人儿童化行为背后的意义生产——以对小猪佩奇的消费为例[D]. 武汉:华中科技大学,2019.

[14] 秦文. 硕士研究生学位论文文献综述的认知研究——以华中师范大学为例[D]. 武汉:华中师范大学,2016.

[15] 王辉. 城市社区老年人数字融入影响机制[D]. 北京:清华大学,2021.

[16] 王大丽. 张季鸾与托马斯·巴恩斯新闻思想比较研究[D]. 武汉:华中科技大学,2011.

[17] 王大丽. 毛泽东宣传谋略研究[D]. 武汉:华中科技大学,2014.

[18] 江子君. 美国媒体视野中的大熊猫形象(1949—2018)[D]. 武汉:华中科技大学,2019.

[19] 邵未然. 社交电商平台中UGC的传播策略对传播效果的影响研究——基于认识心理学视角[D]. 广州:暨南大学,2019.

[20] 石丽. "一带一路"倡议网络公共外交效果探析——对在华留学生的访谈研究[D]. 武汉:武汉大学,2018.

[21] 宣宝剑. 媒介形象系统论[D]. 北京:中国传媒大学,2008.

[22] 徐基中. 上海新闻记者职业团体研究(1921—1937)[D]. 武汉:华中科技大学,2016.

[23] 晏慧思. 肯尼亚大学生的媒介接触和中国国家形象认知——对武汉市2719位居民的调查[D]. 武汉:华中科技大学,2019.

[24] 余婷婷. 受众对"主流宣传"的态度[D]. 武汉:华中科技大学,2018.

[25] 朱莹燕. 基于内容分析法的@四川共青团官方微博文本研究[D]. 成都:西南交通大学,2015.

[26] 邹菲. 内容分析法的理论与实践研究[D]. 武汉:武汉大学,2004.

(四)电子文献

[1] 程孝良. 以学术伦理规范研究活动[EB/OL]. (2017-02-16). http://www.cssn.cn/sf/201702/t20170216_3416787.shtml.

[2] 关于加快新时代研究生教育改革发展的意见[EB/OL]. (2020-09-23). http://www.mof.gov.cn/zhengwuxinxi/caizhengxinwen/202009/t20200923_3593379.htm.

[3] 中华人民共和国国家档案局,2020年度全国档案主管部门和档案馆基本情况摘要(一)[EB/OL]. (2021-08-06). https://www.saac.gov.cn/daj/zhdt/202108/a9369544b1a6412994774ea0e5866881.shtml.

[4] 中华人民共和国国家档案局,2020年度全国档案主管部门和档案馆基本情况摘

要(二)[EB/OL].(2021-08-06). https://www.saac.gov.cn/daj/zhdt/202108/6262a796fdc3487d93bfa7005acfe2ae.shtml.

[5] 中国第二历史档案馆《利用者须知》[EB/OL]. http://www.shac.net.cn/cdzn/lyzxz/.

与本书配套的二维码资源使用说明

本书部分课程及与纸质教材配套数字资源以二维码链接的形式呈现。利用手机微信扫码成功后提示微信登录，授权后进入注册页面，填写注册信息。按照提示输入手机号码，点击获取手机验证码，稍等片刻收到4位数的验证码短信，在提示位置输入验证码成功，再设置密码，选择相应专业，点击“立即注册”，注册成功。（若手机已经注册，则在“注册”页面底部选择“已有账号？立即注册”，进入“账号绑定”页面，直接输入手机号和密码登录。）接着提示输入学习码，需刮开教材封面防伪涂层，输入13位学习码（正版图书拥有的一次性使用学习码），输入正确后提示绑定成功，即可查看二维码数字资源。手机第一次登录查看资源成功以后，再次使用二维码资源时，只需在微信端扫码即可登录进入查看。

引用作品的版权声明